# GUIDE ÉLÉMENTAIRE
## POUR
# LES HERBORISATIONS
## ET LA FORMATION D'UN HERBIER

PAR

## M. V. MARTEL,

Directeur de l'École primaire supérieure d'Elbeuf.

*Avec une préface de M. GASTON BONNIER, professeur de Botanique
à la Faculté des Sciences de Paris.*

---

**Avec 86 figures dans le texte**

---

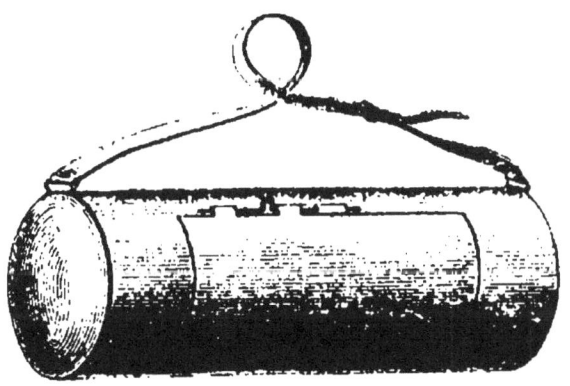

**PARIS**
SOCIÉTÉ D'IMPRIMERIE ET LIBRAIRIE CLASSIQUES
**PAUL DUPONT**, Éditeur
4, RUE DU BOULOI, 4

---

(Tous droits réservés.)

8° S
9,744

Fig. 27. — Les Plantes des murailles.

# GUIDE ÉLÉMENTAIRE

POUR

# LES HERBORISATIONS

## ET LA FORMATION D'UN HERBIER

PAR

## M. V. MARTEL,

Directeur de l'École primaire supérieure d'Elbeuf,

*Avec une préface de* M. GASTON BONNIER, *professeur de Botanique à la Faculté des Sciences de Paris.*

---

### Avec 86 figures dans le texte

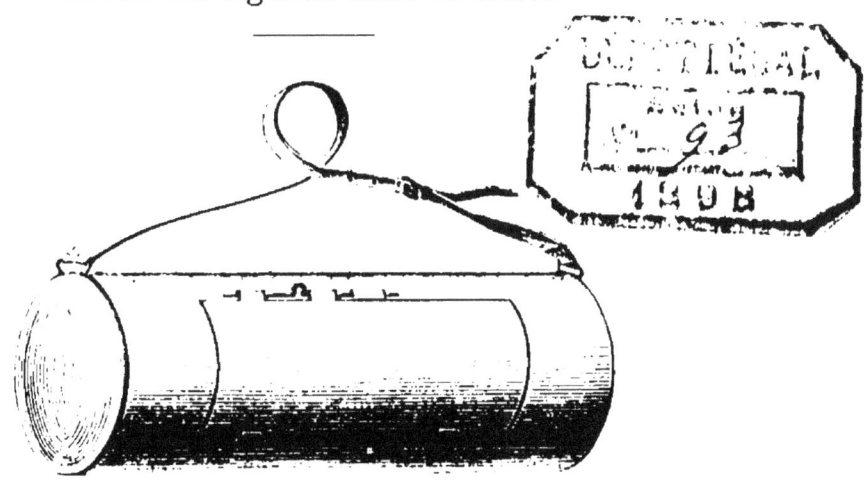

### PARIS
### SOCIÉTÉ D'IMPRIMERIE ET LIBRAIRIE CLASSIQUES
**PAUL DUPONT**, Éditeur
4, RUE DU BOULOI, 4

---

(Tous droits réservés.)

# PRÉFACE

Les sciences naturelles, dont l'enseignement a été pendant si longtemps délaissé, ont maintenant repris partout la place qu'elles réclamaient à bon droit. A côté de l'exposé théorique des résultats de la science, les expériences et les observations pratiques sont recommandées dans l'étude de ce qu'on appelait autrefois l' « Histoire naturelle ». On a compris que le contact direct avec les choses de la Nature, l'étude matérielle des êtres et du sol sur lequel ils vivent, développent chez l'élève l'esprit d'observation et d'initiative personnelle. La comparaison et l'examen des objets naturels, les recherches faites pour se les procurer laissent dans la mémoire de celui qui apprend des traces autrement durables que la lecture d'un traité didactique ou même que des leçons apprises par cœur.

Il n'est pas besoin de démontrer que, parmi les sciences naturelles, c'est l'Étude des plantes qui se prête le mieux à l'enseignement ainsi compris. Pour la Botanique, en effet, rien de plus facile que d'avoir partout sous la main et à profusion les objets à examiner. Sans faire subir aux êtres, comme en Zoologie, des tortures souvent inutiles, l'élève trouvera dans le règne végétal une assez grande variété de formes, d'assez nombreux sujets de découvertes pour exercer son activité. Les plantes ont encore l'avantage de pouvoir se conserver facilement pour former une collection peu dispendieuse qui permet de les comparer entre elles et de les étudier, même en hiver; beaucoup de livres élémentaires facilitent au débutant la recherche des noms des végétaux, tout au moins des plus élevés en organisation, tandis qu'on ne saurait en dire autant pour le classement des animaux, des roches ou des fossiles.

Ce qui manquait dans l'Enseignement élémentaire de la Botanique, c'était un guide pratique ne s'adressant pas aux botanistes, mais à ceux qui commencent l'étude des végétaux, n'admettant pas que le lecteur a déjà appris les éléments de la science, mais supposant qu'il n'en connaît rien. Ce petit livre, M. Martel vient de l'écrire, et il l'a écrit sans appareil scientifique aussi bien que sans prétention pédagogique. C'est la grande simplicité d'allure de ce volume qui en fera surtout le succès.

On y trouvera, clairement exposés, les conseils nécessaires pour faire soi-même des investigations pratiques, pour se constituer une collection d'études et, si l'on n'a pas de maître, pour s'entourer de tous les renseignements nécessaires dans ce genre de recherches. Mais, ce qu'il faut citer, à cause de son intérêt et de son originalité, c'est le chapitre intitulé « Travaux à faire ». Tout chercheur isolé, tout élève déjà rompu à la détermination des plantes, tout commençant même, y apprendra qu'on peut être utile à la science autrement encore qu'en faisant une collection, si complète et si riche qu'elle soit, et que le plus modeste saura, s'il le veut, trouver des observations nouvelles à faire et des documents inédits à apporter.

Aux maîtres et aux élèves, nous conseillons aussi de lire la conclusion de ce petit ouvrage. Ils y verront de quelle façon s'est constituée en Amérique l'Association Agassiz; comment la petite Société formée de quelques élèves d'une école, inspirés par leur instituteur, a été la source d'une association réunissant maintenant près de mille Sociétés locales, qui répand partout sur le Nouveau Continent l'étude pratique de la Botanique, de la Zoologie et de la Géologie.

Quelque chose de semblable réussirait sans nul doute en France, et nous espérons que l'excellent livre de M. Martel, devenu en usage dans les collèges et dans les écoles, fera beaucoup pour préparer un groupement analogue. Sous le nom d'Association Lamark ou tout autre (les grands naturalistes ne nous manquent pas), ce serait la Société française pour l'Enseignement pratique et élémentaire des sciences naturelles.

GASTON BONNIER,
Professeur de Botanique
à la Faculté des sciences de Paris.

# INTRODUCTION

La botanique est la science aimable entre toutes. On peut l'étudier de deux manières : dans les laboratoires, comme le font les savants, qui dissèquent, analysent, à l'aide du microscope, les organes les plus délicats, et cherchent à surprendre les lois intimes de la vie des plantes ; dans le grand livre de la nature, en apprenant à connaître les espèces végétales, à apprécier leur utilité.

Cette seconde étude, plus modeste, est celle par laquelle il faut toujours commencer. Si le botaniste ne doit pas se contenter de récolter des fleurs et de leur appliquer des dénominations latines, s'il doit étudier en même temps la physiologie végétale, s'il faut qu'il connaisse les propriétés des végétaux, leurs affinités, leurs rapports avec le sol et avec le climat, ce n'en est pas moins une occupation relevée que celle qui consiste à déterminer d'une manière précise la Flore d'une région, à noter les habitudes des plantes, leurs époques de floraison et de maturation, à distinguer l'habitat qu'elles affectionnent et les stations qu'elles fuient ; ces travaux, tout modestes qu'ils soient, préparent ceux des savants, et aident, en tout cas, à les comprendre, car, pour étudier avec profit les livres spéciaux, il faut avoir dans l'esprit une figuration nette des exemples qu'ils citent.

La botanique descriptive, ou rurale, comme on l'a appelée, a d'ailleurs son utilité propre. Elle crée des distractions intelligentes et saines, donne le goût de la vie champêtre, ce qui n'est pas un avantage de médiocre importance par ce temps d'immigration effrénée vers les villes. A un point de vue plus pratique, la botanique est indispensable aux horticulteurs et aux cultivateurs ; elle nous fait connaître les végétaux qui sont nuisibles à nos champs et à nos jardins. Combien de plantes indigènes, — Orchidées, Fougères, Violette de Rouen, Anémones, Campanules, — pourraient remplacer, dans les parcs et les jardins, nombre d'espèces exotiques qui n'ont qu'un attrait, celui de coûter fort cher ! Il est intéressant de savoir quelles ressources les plantes sauvages nous offrent pour varier les salades, — Chicorée sauvage, Cardamines, Ficaire, Raiponce ; — quelles espèces peuvent fournir de bons succédanés du thé — feuilles de Rose rouillée, Aubépine, Tilleul, Fraisier, Orchis singe, Frêne même, Bourrache, Vipérine, Menthe poivrée, Mélisse, Aigremoine, Véronique officinale, Grémil officinal ; — quelles espèces méritent d'être recueillies et conservées pour leurs propriétés médicinales — Petite Centaurée, Fumeterre, Bourrache, Chiendent, Fougère mâle, etc. — Il est indispensable de reconnaître à première vue les végétaux vénéneux les plus répandus, tels que : l'Aconit, la Jusquiame, la Ciguë, le Cytise, la Belladone, etc. — L'apiculteur a tout intérêt à distinguer les espèces visitées par les abeilles, afin de les multiplier aux abords de ses ruches, celles qui nuisent à la qualité du miel pour les détruire ; l'entomologiste est obligé de commencer ses travaux par l'étude des plantes sur lesquelles vivent les insectes qu'il veut observer. La simple collection des plantes donne le goût de l'observation, de la recherche scientifique, et, à ce titre seulement, elle doit être encouragée. On nous accordera donc que la botanique constitue une étude utile, agréable, saine et facile.

Ce que redoutent surtout les débutants dans cette science, ce sont les noms scientifiques (1). Les uns voudraient bien s'en affranchir, les autres cherchent à en entasser des kyrielles dans la mémoire en très peu de temps. Ni les uns ni les autres ne sont dans le vrai. Les noms vulgaires peuvent rendre service à la botanique, comme les patois contribuent à rendre plus attrayante l'étude de la langue ; mais supprimer les noms scientifiques est chose impossible. Seuls, ils ne changent pas d'un lieu à un autre, comme cela arrive pour les noms vulgaires ; — la Valérianelle (*Valerianella olitoria* L.) est connue partout sous le nom de *Mâche*, de *Royale* ou de *Doucette* par les cuisiniers et les horticulteurs ; en Normandie, elle porte le nom de *Coquille* ; en Touraine, celui de *Boursette* ; — ils ne s'appliquent qu'à une seule espèce bien déterminée, et non à un groupe vaguement délimité comme la plupart des noms vulgaires ; — dans le pays de Bray, on nomme *Lancherons bâtards* (corruption de Laiteron) les *Porcelles*, les *Epervières*, les *Barkhausies* et les *Crépides* (g. *Hypochœris*, *Hieracium*, *Barkhausia* et *Crepis*), sans doute à cause de leur plus ou moins grande analogie avec les *Laiterons* et les *Pissenlits* (g. *Sonchus* et *Taraxacum*) que l'on confond sous le nom générique de *Lancherons*.

Les noms scientifiques permettent donc seuls aux botanistes de se comprendre et à la science de faire des progrès. J'ajouterai qu'ils ne sont pas difficiles à retenir. Il arrive souvent que la dénomination vulgaire n'est qu'une forme

---

(1) On désigne les espèces végétales par deux noms, le nom du genre et celui de l'espèce, suivant la convention adoptée depuis Linné ; on fait suivre la dénomination spécifique du nom de l'auteur qui l'a désigné ainsi le premier : ex. *Salvia officinalis* L., Sauge officinale, de Linné. Il peut arriver que deux auteurs aient appliqué le même nom à deux espèces différentes ; on écrit alors comme suit : *G. et G. non L.* ; cela signifie que la plante est celle de Grenier et Godron et non celle de Linné. La même plante peut porter plusieurs noms différents, ex. : l'*Héliotrope d'hiver* : Tussilago fragrans Will. = *Nardosmia fragrans* Rchb. = *Petasites fragrans* Presl.

Tous les ouvrages de botanique descriptive donnent d'ailleurs une clef des abréviations employées.

populaire de l'expression latine et peut servir à la rappeler : à la campagne, on dit *Agrimone* pour *Aigremoine* (*Agrimonia*). Dans d'autres cas plus nombreux, le nom scientifique rappelle l'aspect extérieur, les propriétés, les usages ou l'histoire de la plante : un maître ou une bonne Flore en donnent toujours l'explication. Voilà déjà deux catégories de noms faciles à retenir. Ils le seront tous lorsque la plante sera bien connue. Attachez-vous surtout à la connaissance de l'espèce, le nom viendra par surcroît, et vous serez étonné vous-même, au bout de peu de temps, de retenir plus facilement les expressions latines que les noms français correspondants. Croyez-en l'expérience de tous les botanistes.

Mais, pour arriver à ce résultat, il ne faut pas étudier la botanique exclusivement dans les livres, il faut l'apprendre dans la nature, en herborisant. Les herborisations sont à notre science ce que les manipulations sont à la chimie et à la physique, ce que les cartes sont à la géographie, c'est-à-dire indispensables. La botanique ne peut rendre les services, ne peut procurer les agréments que nous avons indiqués qu'à cette condition.

Les herborisations permettent de faire un herbier, et je crois bien qu'il n'est pas de botaniste qui n'en possède un, sur lequel il reporte toutes ses attentions ; c'est avec raison. Ne rions pas de la manie des collections ; ce sont ces collections particulières qui ont rendu possibles nombre de grands travaux scientifiques. L'herbier est la partie pratique de la science, il conserve le souvenir de promenades agréables ; il constitue, s'il est fait avec soin et probité, un travail de valeur. D'ailleurs, la plante de l'herbier est toujours propre à l'étude ; comme le dit le poète :

> Elle n'a pas perdu de son cœur un pistil
> Ni du tissu de sa frêle corolle un fil.

L'herbier reste pour les mauvais jours une source d'occupations, il conserve pour l'avenir des sujets d'études ;

c'est, de l'avis de tous, le meilleur livre de botanique. Occupons-nous donc de sa formation.

On nous pardonnera de nous être attardé si longtemps à parler des avantages de la botanique et des herbiers ; nous avons voulu montrer que ces études sont pleines de charme et d'utilité, et, suivant l'expression d'un amateur, « que la science n'est point obligée de revêtir ces dehors froids et sévères, qui glacent les timides et effarouchent ceux dont des apparences moins rébarbatives feraient plus tard des adeptes précieux ».

# GUIDE ÉLÉMENTAIRE

POUR

# LES HERBORISATIONS

ET LA FORMATION D'UN HERBIER

---

## I

### INSTRUCTIONS POUR LA FORMATION D'UN HERBIER

Pour faire un herbier, il faut récolter les plantes, les déterminer, les sécher, les préparer définitivement et les classer.

**1. Récolte des plantes.** — a) *Instruments nécessaires*. — Les instruments nécessaires pour la récolte des plantes sont les suivants : une boîte à botanique, un piochon, un fort couteau, une loupe, une Flore (c'est-à-dire un ouvrage qui permet de trouver le nom des plantes), des étiquettes de papier blanc et un crayon.

La boîte à botanique la plus commode est en fer-blanc, peinte en vert et vernie; elle a la forme d'un cylindre elliptique, une longueur de 50 centimètres environ et porte à chaque extrémité un anneau pour attacher une courroie que l'on passe sur l'épaule (fig. 1).

Les boîtes avec compartiment garni de liège (fig. 2) rendront des services pour la récolte des Cryptogames et des

Insectes ; mais, si l'on doit faire une récolte abondante en Phanérogames, il vaut mieux emporter une boîte simple,

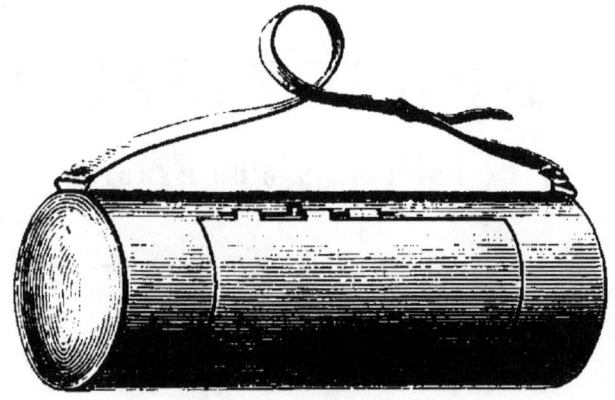

Fig. 1. — Boîte simple.

qui peut contenir plus d'échantillons et ne force pas à faire des plis inutiles.

On remplace quelquefois la boîte par un cartable formé

Fig. 2. — Boîte avec compartiment liégé.

de deux plaques de carton, ou, ce qui vaut mieux, de noyer, entre lesquelles on dispose des feuilles de papier buvard gris ; deux courroies munies de boucles permettent de serrer à volonté les plantes et de porter le cartable soit à la main, soit en bandoulière.

Les piochons sont nombreux : on se sert d'une sorte de truelle plus ou moins concave (fig. 5 et 6) ou d'une hou-

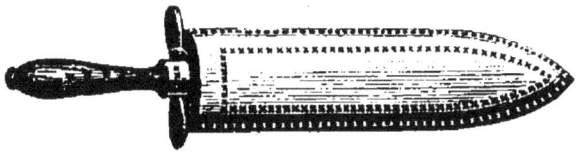

Fig. 3. — Poignard bordelais dans son fourreau.

lette vissée à l'extrémité d'une forte canne (fig. 4), mais ces instruments sont généralement trop faibles. Pour déraciner les plantes à parties souterraines profondes dans les

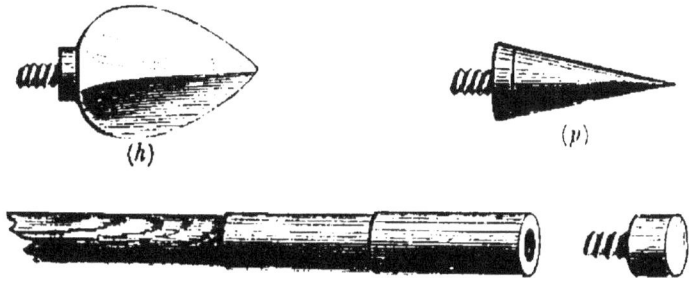

Fig. 4. — Canne sur laquelle se visse à volonté une pointe (p) ou une houlette (h).

terrains durs et caillouteux, on est obligé d'avoir recours à des outils plus résistants : celui qui est connu sous le nom de poignard bordelais (fig. 3) se compose d'un manche

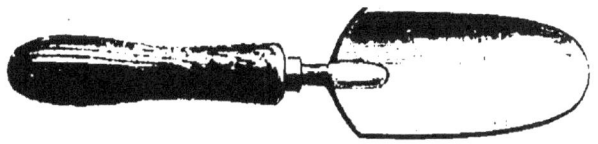

Fig. 5. — Truelle.

solide et court, d'une lame longue, pointue, un peu courbe et renforcée par une nervure saillante ; il se porte dans un fourreau suspendu à la ceinture. La maison Deyrolle met en vente, sous le nom d'écorçoir pliant, l'instrument le

1.

plus commode pour déraciner les plantes, mais le prix en est assez élevé (1) : cet outil peut servir de houlette lorsqu'il est complètement ouvert, de piochon avec la lame à demi fermée ; la lame peut même se rabattre complètement contre le manche ; une clavette à ressort permet de le fixer

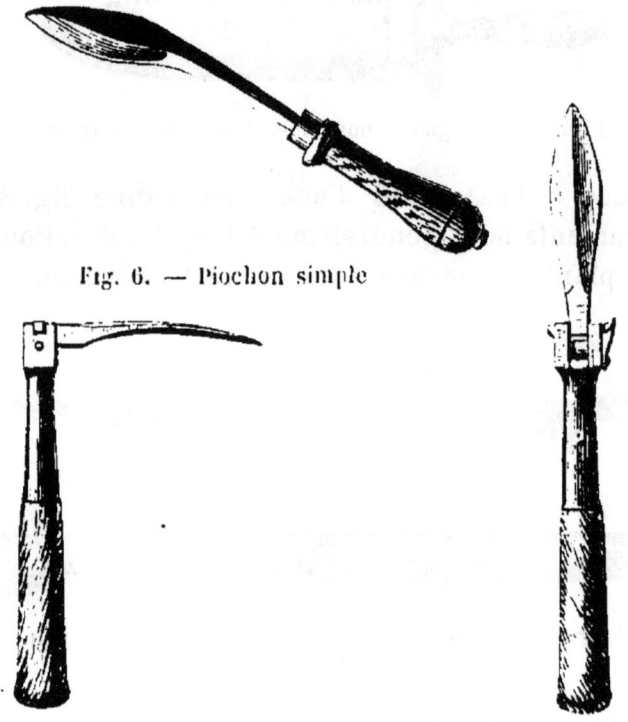

Fig. 6. — Piochon simple

Fig. 7. — Piochon Deyrolle dans ses différentes positions, en pioche et tout à fait ouvert.

très solidement dans chacune de ces trois positions (fig. 7).

La loupe est indispensable pour grossir les organes difficiles à distinguer à l'œil nu ; on doit toujours s'en munir, surtout lorsqu'on se propose de déterminer les plantes au cours même de l'herborisation. Les formes des loupes sont nombreuses (fig. 8 à 11) ; il y a des loupes simples, doubles, multiples. La loupe Stenheill (fig. 11) se recommande par un

---

(1) 9 francs.

fort grossissement et une très grande netteté dans les images. Il sera bon aussi de se munir de papier pour envelopper

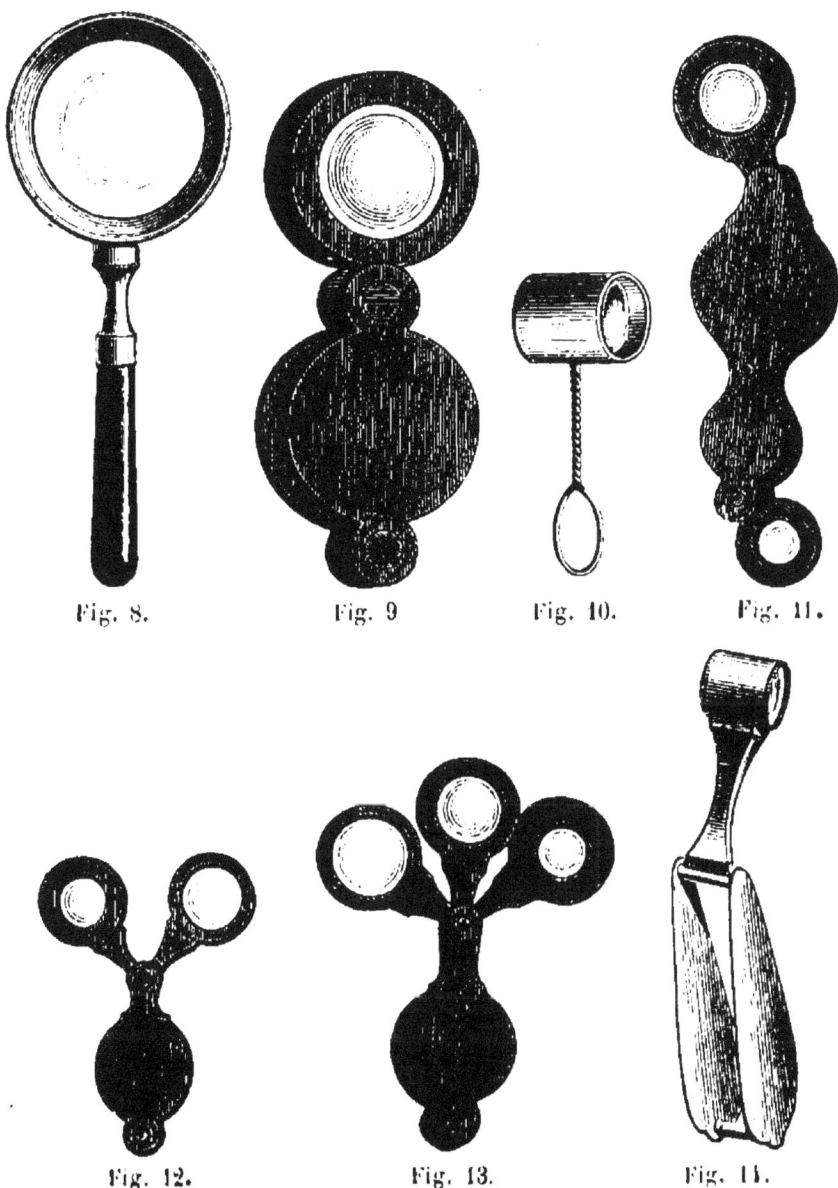

Fig. 8.   Fig. 9.   Fig. 10.   Fig. 11.

Fig. 12.   Fig. 13.   Fig. 14.

Loupes de diverses formes.

séparément les échantillons de Mousses, Lichens et Champignons; de flacons pour placer les Algues, si l'on en doit recueillir; d'emporter de la ficelle, de petites pinces, un cahier de papier buvard, un carnet pour prendre des

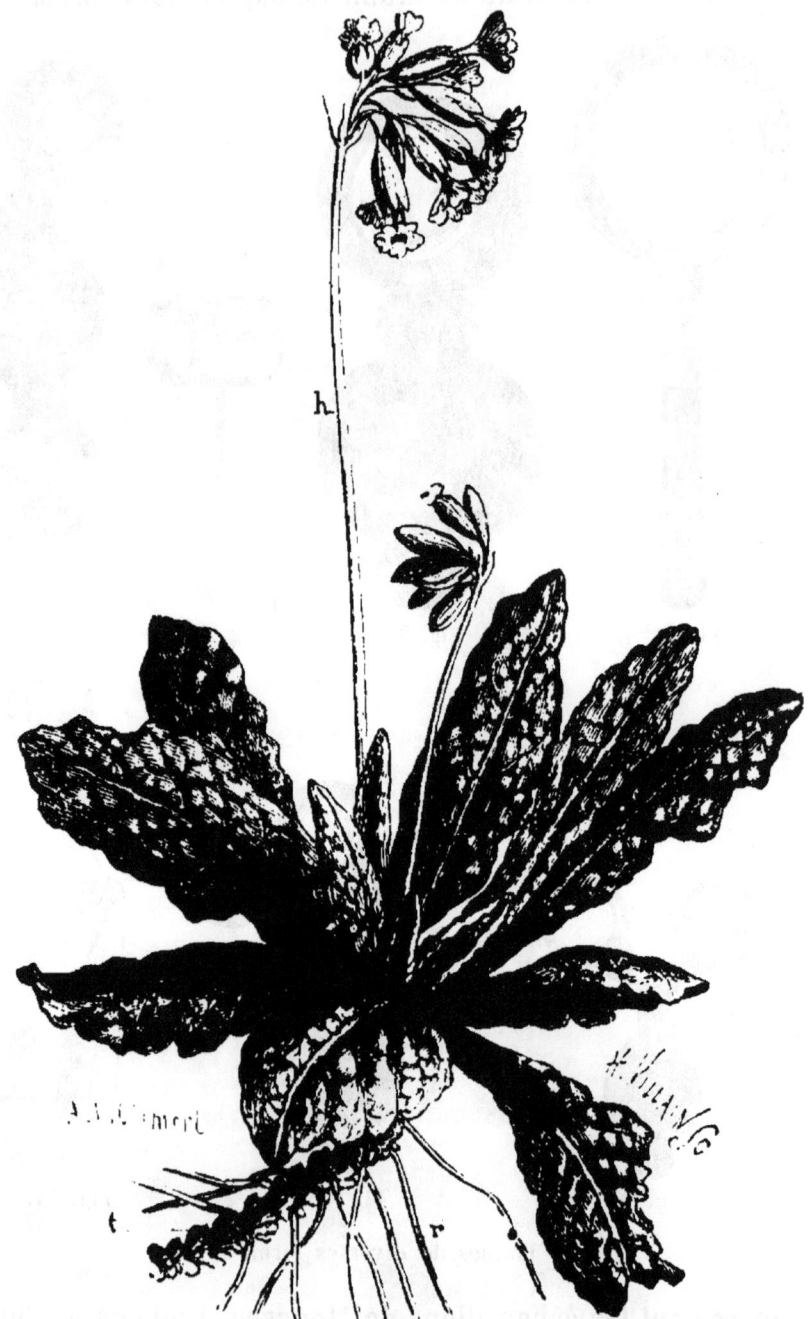

Fig. 15. — *Primevère officinale*. Plante recueillie avec racines, tiges, feuilles et fleurs.

RÉCOLTE DES PLANTES 13

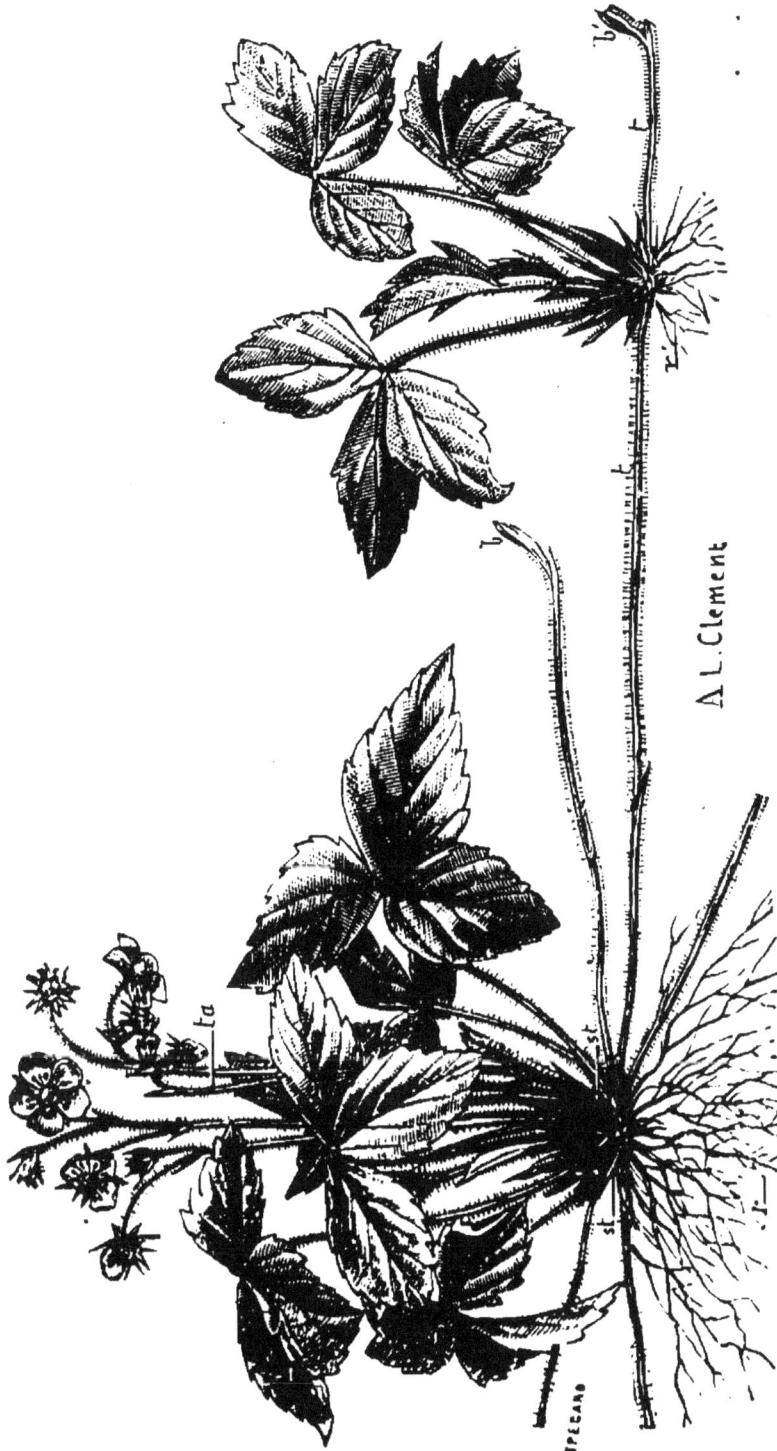

Fig. 16. — *Fraisier*. Plante recueillie avec racines, tige, feuilles, fleurs et fruits.

notes. Dans la crainte d'accidents, on ajoutera un flacon d'am-

Fig. 17. — Sommité de *Giroflée* portant des fleurs.

moniaque ou de phénol pour une herborisation dans les bois.

b) *Récolte des plantes*. — La récolte des plantes se fera par un temps sec, après la disparition de la rosée.

Autant que possible, on recueillera des spécimens complets : racines, tiges, feuilles, fleurs et fruits (fig. 15 et 16).

Lorsqu'une plante herbacée est trop volumineuse, on prend soit une sommité, soit un rameau portant des fleurs et des fruits (fig. 17). On fera bien de recueillir en outre quelques feuilles radicales ; elles diffèrent souvent des autres et offrent des caractères utiles pour la détermination.

Il sera souvent nécessaire de retourner plusieurs fois au même endroit pour prendre les différents organes qui ne se développent pas à la même époque ; il faudra toujours agir ainsi pour la plupart des arbres et pour les plantes dont les fleurs s'épanouissent avant les feuilles. Il est très prudent, dans ce cas, de faire les récoltes sur le même pied (1).

Pour les arbres, on se contentera d'un rameau portant des feuilles, des fleurs et des fruits, ou d'un ensemble de rameaux portant séparément ces organes ; une section transversale, une autre longitudinale, prises dans le jeune et dans le vieux bois, compléteront avantageusement l'échantillon lorsque ce sera possible (fig. 18, 19 et 20).

On choisira d'ailleurs les sujets les mieux développés, dont les feuilles n'ont été ni déchirées ni rongées par les insectes. Pour les plantes parasites, comme les Orobanches, on conservera adhérentes les racines du végétal sur lequel elles vivent (fig. 21).

Si les espèces sont rares, il faut en recueillir plusieurs échantillons en vue d'échanges à faire avec d'autres botanistes.

c) *Mise en boîte et étiquetage*. — Les échantillons seront placés dans la boîte à botanique et superposés avec

---

(1) Quelques-unes de ces prescriptions sont extraites des instructions officielles des écoles normales.

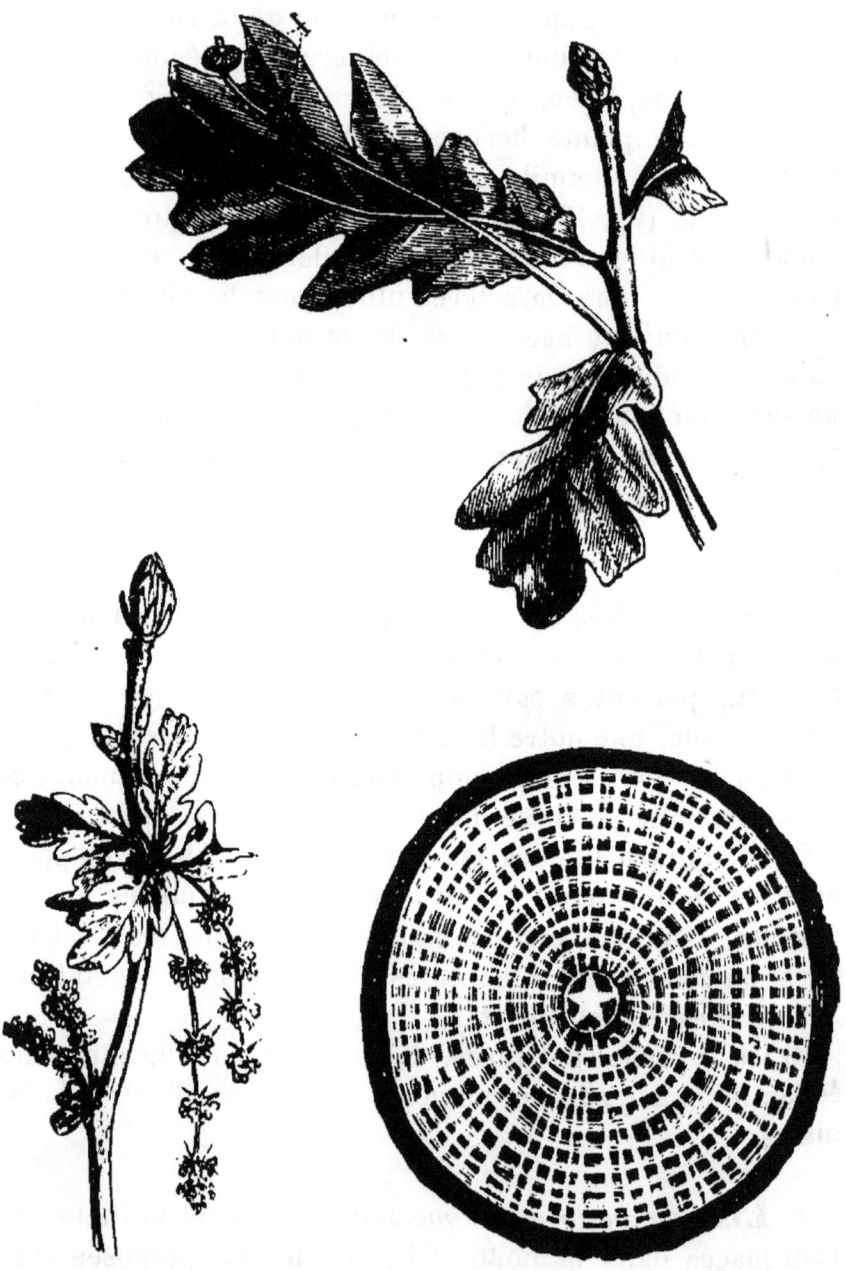

Fig. 18, 19 et 20. — Échantillons de Chêne, comprenant un rameau à fleurs staminées, un rameau à fleurs pistillées et une coupe dans un bois de 12 ans.

soin; on peut, sans inconvénient, les plier lorsqu'ils sont trop longs; mais il est bon de tenir compte, pour faire ce pli, des dimensions du papier sur lequel la plante sera définitivement fixée : la longueur de la boîte, ordinairement 50 centimètres, sert de guide. Les plis se font toujours à angle aigu, après avoir écrasé un peu la tige à l'endroit que l'on veut plier.

On enlèvera la terre avec soin en secouant les racines avant de mettre l'échantillon dans la boîte à herboriser.

Les semences de fruits trop mûrs seront mises dans des cornets de papier, et les pétales fugaces, comme ceux du Coquelicot et des Hélianthèmes, dans le cahier de papier buvard.

Fig. 21. — Orobanche, parasit sur la racine de Luzerne.

On joindra toujours, à chaque échantillon, une étiquette provisoire portant le nom de la plante et l'indication précise du lieu de la récolte (fig. 22). Il est bon d'avoir en même temps un carnet d'herborisations, sur lequel on reproduit ces indications avec un numéro correspondant à celui de l'étiquette; le cas échéant, on inscrit les particularités que présentent le port de la plante et ses dimensions; on signale un habitat anormal, les cas de tératologie; on décrit sommairement une espèce que l'on ne peut déterminer; on dessine même, à l'occasion, un organe intéressant, etc. La tenue de ce carnet est d'une grande importance; il sera très utile plus tard pour rectifier ou pour justifier les indications de l'herbier. On devra toujours pouvoir s'y reporter à l'aide de numéros inscrits sur les étiquettes définitives, lorsqu'il y a lieu.

d) *Récolte des plantes cultivées.* — D'une manière générale, les plantes spontanées offrent beaucoup plus d'intérêt pour l'étude que les plantes cultivées, les caractères naturels se modifiant en même temps que les conditions d'existence. Cependant, il est utile de recueillir des plantes

Fig. 22. — Échantillon de *Primevère officinale* prête à mettre en boîte

cultivées, soit à cause de leur utilité, soit parce qu'elles appartiennent à des groupes qui n'ont pas chez nous de représentants à l'état spontané : dans ce cas, il faut indiquer sur les étiquettes que les plantes sont cultivées.

c) *Récolte des plantes sans instruments.* — Il arrive souvent qu'au cours d'une promenade ordinaire, commencée sans aucune pensée d'herborisation, on rencontre des espèces intéressantes à recueillir, mais on n'a avec soi ni boîte ni piochon. Faut-il les abandonner? Non; le véritable botaniste est comme l'expérimentateur de Franklin qui scie avec une lime et lime avec une scie; il déracine la plante avec son couteau ou l'extrémité de sa canne, il enveloppe le paquet de plantes dans un journal ou bien les dispose dans les plis de son parapluie ou de son parasol, et, s'il n'a ni journal ni parapluie, il protège sa récolte en l'entourant de feuillage, de mousse, et lie le paquet avec des tiges de graminées ou de joncs. Ce sont souvent ces découvertes imprévues qui enrichissent l'herbier.

**2. Détermination des plantes.** — Il serait à désirer que la détermination des espèces pût se faire sur le lieu même de la récolte : voilà pourquoi nous avons dit qu'il fallait emporter une Flore dans les herborisations.

Mais cela n'est pas toujours possible, prend d'ailleurs beaucoup de temps, empêche de parcourir un itinéraire tracé d'avance et diminue l'importance de la récolte. Aussi peut-on faire ce travail au retour de la promenade, sans inconvénient, toutes les fois que les plantes ont été recueillies avec soin et par échantillons complets.

a) *Qualités d'une bonne Flore.* — Une bonne Flore devrait réunir les qualités suivantes : être d'un format portatif et d'un prix peu élevé; contenir des clefs dichotomiques construites sur des caractères simples et autant que possible visibles à l'œil nu : racines, tiges, feuilles et fleurs ; renfermer un lexique et des figures explicatives des termes rarement employés et des caractères peu saillants; indiquer à la suite du nom scientifique des espèces le nom de l'auteur et, s'il y a lieu, les synonymes; faire suivre les noms de familles, de genres, d'espèces et même de variétés, lorsqu'ils sont indiqués, d'une description sommaire à titre de contrôle.

b) *Ouvrages recommandés.* — Les Flores de Bautier et de Lefébure de Fourcy réunissent les deux premières conditions, le second ouvrage surtout, qui contient les Cryptogames malgré son format très réduit. La flore de Bautier n'offre pas de descriptions d'espèces ; d'un autre côté, la florule de Fourcy ne donne pas les noms d'auteurs et oblige de se reporter sous ce rapport à des ouvrages plus importants. On peut encore citer comme bons ouvrages de détermination les *Synopsis de la Flore des environs de Paris*, de MM. Cosson et Germain-de-Saint-Pierre, *de la Flore du centre de la France* de Boreau (ce dernier aujourd'hui rare), et la *Nouvelle Flore française* de MM. Gillet et Magne, qui ne comportent pas non plus de descriptions d'espèces ; la dernière est ornée de nombreuses figures qui en augmentent la valeur et contient une table d'espèces et de synonymes très complète. Mais nous recommanderons surtout aux débutants la *Nouvelle Flore pour la détermination facile des plantes,* de MM. Gaston Bonnier et G. de Layens. L'ouvrage comprend toutes les espèces vasculaires des environs de Paris (rayon de 100 kilm.) et le plus grand nombre des plantes communes de France ; il contient quelques notions de botanique, un lexique illustré, une table alphabétique des espèces avec l'indication des synonymes, l'étymologie des noms de genre, les usages et les propriétés des plantes, les plantes visitées par les abeilles, les localités les plus importantes. Les tableaux synoptiques de cet ouvrage, — c'est ce qui constitue surtout son originalité et son mérite bien spécial, — sont illustrés à profusion, par 2145 figures. Nous nous sommes assurés que la détermination avec cette Flore est rendue possible aux débutants (1).

---

(1) Pour que l'on puisse se rendre compte de la disposition de cet ouvrage, nous reproduisons ici les pages suivantes qui permettent la détermination du Fraisier, de la Benoîte et de la Reine-des-Prés

## TABLEAU GÉNÉRAL

Plante ayant des fleurs; on y trouve des étamines, un pistil, ou les deux à la fois. — Étamines et pistils sur la même plante, quelquefois dans des fleurs différentes.

Fleurs non réunies en capitule entouré d'une collerette de bractées.

- Fleurs à deux enveloppes (calice et corolle) de couleur et de consistance différentes.
  - Corolle non papilionacée.
    - Pétales libres entre eux, jusqu'à leur base.................... **A. Plantes à pétales séparés**, p. XX.
    - Pétales soudés entre eux, au moins à la base.................... **B. Plantes à pétales soudés entre eux**, p. XXIV.
  - Corolle *papilionacée* [c'est-à-dire irrégulière avec un pétale supérieur e *(étendard)*, deux pétales de côté a, a *(ailes)*; et deux pétales inférieurs soudés cc *(carène)*.] **Papilionacées**, p. 38.

- Fleurs à une seule enveloppe ou à deux enveloppes de couleur et de consistance semblables, ou sans enveloppe florale.
  - Arbre ou arbuste résineux, à fleurs sans stigmate........ **G. Plantes gymnospermes**, p. XXXIV.
  - Plante n'étant pas un arbre ou arbuste résineux; fleurs à stigmates.
    - Feuilles à nervures non ramifiées [regarder par transparence] et parties semblables de la *fleur* disposées par 6 ou 3, ou moins de 3................ **D. Plantes monocotylédones**, p. XXXI.
    - Plante n'ayant pas à la fois ces caractères; en général, *feuilles à nervures plus ou moins ramifiées*............ **C. Plantes à une seule enveloppe florale**, p. XXVI.

*Fleurs réunies en capitule*, c'est-à-dire serrées les unes à côté des autres, sans pédoncules, et placées sur l'extrémité d'un rameau ou d'une tige, *entourées d'une collerette de bractées* (involucre). [Exemples connus : ce qu'on nomme vulgairement la fleur du Bleuet, de la Marguerite, du Chardon sont, en réalité, des capitules de fleurs.] **F. Plantes à fleurs en capitule**, p. XXXIII.

*Toutes les fleurs sans pistil, ou toutes les fleurs sans étamines*.................................... **E. Plantes à fleurs toutes sans étamines ou t<sup>tes</sup> sans pistil**, p. XXXII.

*Plantes sans fleurs*, n'ayant jamais ni étamines ni pistil.................................... **H. Plantes cryptogames**, p. XXXIV.

**A. — PLANTES A PÉTALES SÉPARÉS. —**

Étamines et pétales *réunis aux sépales par leur base.* { *Feuilles épaisses et charnues;* 6 à 20 pétales.......... *Crassulacées,* p. 60.
(En enlevant les sépales jusqu'à la base, on enlève en même temps les étamines et les pétales.) { *Feuilles non charnues,* souvent dentées ; 4 à 5 pétales. ROSACÉES, p. 49.

Fleur ayant plus de 12 étamines.
{
  Étamines réunies entre elles, au moins à la base.
  {
    *Arbre;* pédoncule soudé avec la bractée TI ; 5 sépales, 5 pétales : 1 style...... TILIACÉES, p. 32.
    Plante herbacée.
    {
      *Feuilles opposées* entières ; 3 à 5 styles ; étamines par groupes H, A ........ HYPÉRICINÉES, p. 35.
      Feuilles alternes.
      {
        *Fleurs en grappe allongée* LL ; pétales très divisés ; calice simple.... RÉSÉDACÉES, p. 21
        *Fleurs à l'aisselle des feuilles, par groupes ou isolées;* pétales entiers ou échancrés ; calice double MS, AO. MALVACÉES, p. 33.
      }
    }
  }
  Étamines libres entre elles jusqu'à la base, et non réunies aux sépales.
  {
    Plus de 16 pétales NL, NA ; plantes à feuilles nageantes, en cœur, à la base........ NYMPHÉACÉES, p. 7.
    Moins de 16 pétales.
    {
      Pétales *chiffonnés* ou très fortement tordus dans le bouton ; pistil à un seul ovaire.
      {
        4 pétales P, C ; 2 sépales tombant tôt ; PA, C ; ............ PAPAVÉRACÉES, p. 8.
        5 pétales H, 3 sépales ; 5 pétales dont 2 petits V ; feuilles entières, souvent opposées. CISTINÉES, p. 19.
      }
      Pétales *non chiffonnés* ni tordus dans le bouton ; pistil en général *à plusieurs parties.*
      {
        3 sépales, 3 pétales ; feuilles en fer de flèche. *Alismacées,* p. 143.
        Fleur n'ayant pas *à la fois* 3 sépales et 3 pétales. RENONCULACÉES, p. 2.
      }
    }
  }
}

Pistil à carpelles entièrement libres, ou réunis par le milieu.
{
  3 sépales, 3 pétales.
  {
    6 étamines ; sépales très différents des pétales..................... *Alismacées,* p. 143.
    9 étamines ; sépales presque colorés comme les pétales............. *Butomées,* p. 144.
  }
  5 sépales ; 5 pétales ou plus.
  {
    Pétales très divisés ; fleurs en grappe allongée AC. RÉSÉDACÉES, p. 21.
    Pétales entiers ou échancrés.
    {
      Fleurs *roses;* 5 carpelles, 5 stigmates [GE, fleur dont on a enlevé le calice et la corolle]. GÉRANIÉES, p. 33.
      Fleurs *jaunes;* carpelles nombreux, formant un long cône..... *Renonculacées,* p. 2.
    }
  }
}

*Suite du Tableau des genres de Rosacées.*

Plante *herbacée*, sans aiguillons.

Fleur ayant calice et corolle.

Calice doublé d'un calicule P.
- Réceptacle *non renflé-charnu*, G, PR, poilu.
  - Styles *très longs* G, placés au sommet des carpelles ; réceptacle allongé G. — **3. Benoite**, p. 51. *Geum.*
  - Styles *très courts* PR, placés sur le côté des carpelles ; réceptacle globuleux PR. — **6. Potentille**, p. 52. *Potentilla.*
- Réceptacle *renflé-charnu*, F, C, sans poils.
  - Feuilles à *3 folioles* FV ; pétales non aigus F ; fleurs blanches. — **4. Fraisier**, p. 51. *Fragaria.*
  - Feuilles à *5 ou 7 folioles* CP ; pétales aigus C ; fleurs d'un pourpre foncé. — **5. Comaret**, p. 52. *Comarum.*

Calice *sans calicule*.
- Fleurs *blanches ou roses*, en grappe rameuse ; 3 à 12 carpelles séparés. — **2. Spirée**, p. 51. *Spiræa.*
- Fleurs *jaunes*, en épi AE ; 1 à 2 carpelles entourés par le calice A. — **7. Aigremoine**, p. 53. *Agrimonia.*

Fleur n'ayant pas de corolle.
- Feuilles *non divisées jusqu'à leur base*, dentées AV ou à divisions dentées AA ; 1 style. — **10. Alchémille**, p. 54. *Alchimilla.*
- Feuilles à *folioles séparées* ; fleurs en épi serré.
  - 4 *étamines* S, dressées ; fleurs toutes stamino-pistillées, d'un pourpre foncé ; — **11. Sanguisorbe**, p. 54. *Sanguisorba.*
  - 20 à 30 *étamines*, à la fin pendantes PS ; fleurs les unes staminées, les autres pistillées ou stamino-pistillées. — **12. Pimprenelle**, p. 54. *Poterium.*

**1. Prunier.** *Prunus.* — (fig. P, p. 49). —

*Arbrisseau épineux* SP; fleurs blanches, paraissant avant les feuilles; fruit bleuâtre. [Epine-noire.] .................. **P. épineux** TC (1).
*P. spinosa* L. ✠
bois; av.-m.; v.

*Arbre non épineux.*
- Fleurs *en longues grappes* PA. feuilles à dents non glanduleuses; fruit amer. [Bois-joli.] ............ **P. Putiet** (*Cult.*).
*P. Padus* L. ✠
planté etrnaturalisé; av.-m.; v.

- Fleurs *non disposées en longues grappes.*
  - Feuilles *portant des renflements* (nectaires) *g*, sur le pétiole A; fruit doux; feuilles ayant quelques poils en dessous; 5-10 m. [Griottier.] ........ **P. des Oiseaux** C. (2).
*P. avium* L. ✠
bois; av.-m.; v.
  - Feuilles *sans renflements* sur le pétiole MA; fruit amer; feuilles sans poils en dessous; 3-5 m. [Bois de Sainte-Lucie.] ........ **P. Mahaleb** AC.
*P. Mahaleb* L. ✠
bois; ms.-m.; v.

**2. Spirée.** *Spiræa.* —
- Feuilles à 11-15 folioles sans tubercules; *très inégales* UL; 5 à 8 carpelles S; racines sans tubercules; 3-6 d. [Reine-des-prés]. ........ **S. Ulmaire** C. (3).
*S. Ulmaria* L. ✠
bords des eaux; j.-jt.; v.
- Feuilles à 31-41 folioles *peu inégales* F; 5 à 12 carpelles SF; racines tuberculeuses; 6-12 d. ........ **S. Filipendule** AC.
*S. Filipendula* L. ✠
bois, coteaux; j.-jt.; v.

**3. Benoîte.** *Geum.* — (fig. G, p. 50).
- Calice à sépales *renversés* après la floraison U; style poilu dans son 1/4 supérieur; fleurs jaunes; 3-9 d. ........ **B. commune** TC.
*G. urbanum* L. ✠
bois, décombres; j.-jt.; v.
- Calice *rougeâtre* à sépales *dressés* après la floraison R; style poilu dans sa 1/2 supérieure; fleurs rougeâtres; 2-8 d. ........ **B. des ruisseaux** R. (4).
*G. rivale* L.
bois humides; m.-jt.; v.

**4. Fraisier.** *Fragaria.* — (fig. F, p. 50)
- Calice *appliqué* sur le fruit C; fruit luisant à la partie inférieure, qui est presque sans carpelles developpés; 1-2 d. ........ **F. des collines** AR. (5).
*F. collina* Ehrh.
bois; m.j-.; v.
- Calice *étalé ou renversé* à la maturité FV,
  - Pédoncules *à poils appliqués* FV; fruit garni de carpelles jusqu'en bas; 1-3 d. ........ **F. comestible** TC.
*F. vesca* L. ✠
bois; av.-j; v.
  - Pédoncules *à poils étalés* E; fruit dépourvu de carpelles à la base; 1-4 d. ........ **F. élevé** AR.
*F. elatior* Ehrh.
bois; av.-j.; v.

---

(1) Var. *fruticans* Weihe, feuilles ordinairement ovales, plus grandes, sans poils en dessous; fruit deux fois plus gros, AR. — (2) On cultive la var. *Cerasus* L. ✠ [Cerisier], le *P. domestica* L. ✠ [Prunier], le *P. insititia* L. ✠ [Reine-Claude] et le *P. Armeniaca* L. ✠ [Abricotier] ainsi que l'*Amygdatus communis* L. ✠ [Amandier] et l'*A. Persica* L.✠ [Pècher]. — (3) Le *S. hypericifolia* L. [Petit-Mai], sous-arbrisseau à feuilles ovales, est parfois naturalisé, R. — (4) On rencontre rarement un hybride des deux espèces; c'est le *G. intermedium* Ehrh, TR. — (5) Var. *Hagenbachiana* Lange., tiges rampantes munies d'une écaille au milieu de chaque entre-nœud; foliole moyenne assez longuement pétiolée, R.

Il sera toujours bon pour contrôler les déterminations d'avoir à sa disposition une Flore avec descriptions détaillées, l'un des ouvrages suivants, par exemple :

GRENIER et GODRON, *Flore de France*, en 3 vol. in-8°; l'ouvrage est rare aujourd'hui.

BOREAU. *Flore du centre de la France et du bassin de la Loire*, 2 vol. in-8°, 1857.

COSSON ET GERMAIN DE SAINT-PIERRE. *Flore des environs de Paris*, 1 vol. in-8°, 1861.

On trouvera d'utiles indications sur les plantes cultivées dans la *Flore élémentaire des jardins et des champs* de MM. LE MAOUT ET DECAISNE, 1 vol. in-8°.

« Mais ces ouvrages, quoique très complets, peut-être même pour ce motif, dit un amateur, ne sont que d'un minime secours pour les hommes qui, encore peu expérimentés, n'ont que le bon vouloir de s'initier à la science ; en présence de ces ouvrages volumineux, ils se trouvent dans la position de celui qui, désireux d'étudier les plantes de son pays, chercherait à les reconnaître dans un immense jardin botanique où elles seraient confondues avec les plantes des cinq parties du monde, sans aucune marque qui le renseignât sur leur patrie. » Une Flore locale, ou à son défaut un simple catalogue, rendra les plus grands services. « Les flores locales, en mentionnant les espèces constatées, éliminent les espèces bien plus nombreuses qui ne peuvent être observées ; elles concentrent les recherches sur un nombre relativement restreint de végétaux dont les caractères distinctifs peuvent être aisément reconnus; elles épargnent donc de bien grandes difficultés, sont accessibles, par leur peu d'étendue, aux commençants eux-mêmes, et répandent le goût d'une science qu'il est impossible d'étudier sans l'aimer chaque jour davantage (1). »

Avec les meilleurs ouvrages, c'est toujours un travail laborieux que la détermination d'une espèce, et il ne faut

---

(1) Voir l'Appendice à la fin de l'ouvrage, p. 79 et suivantes.

pas trop compter y réussir du premier coup. Heureux ceux qui ont dans un bon maître ou un amateur habile un guide sûr pour contrôler leurs résultats ! En tous cas et pour diminuer les chances d'échec, on ne s'exercera que sur des échantillons complets.

c) *Méthode dichotomique.* — La méthode dichotomique est due à Lamark; elle consiste en une suite de propositions combinées deux à deux, de telle sorte que l'une doit nécessairement s'appliquer à la plante que l'on a sous les yeux, tandis que l'autre ne lui convient pas. On se trouve alors renvoyé par un numéro à une nouvelle série de questions, puis, suivant la même marche, on est amené à n'avoir plus à choisir qu'entre deux familles séparées par un caractère distinctif. D'autres clefs vous conduisent au genre et à l'espèce.

d) *Application de la méthode.* — Quelques conseils de détail pour la détermination : commencer toujours par le premier numéro de la clef lorsqu'on n'est pas absolument fixé sur la famille ; lorsque deux caractères sont réunis sur une même ligne, faire attention aux conjonctions qui les unissent : ne pas confondre *et* avec *ou* ; remarquer que *coloré* veut dire *qui n'est pas vert* ; ne pas prendre plusieurs fleurs réunies pour une seule fleur, les organes de plusieurs fleurs groupées dans un involucre commun pour les organes d'une seule fleur ; lire toujours les deux caractères opposés avant de passer à un numéro suivant ; si l'on ne peut distinguer lequel des deux caractères correspond à l'espèce à déterminer, il faut prendre note de ce numéro, et suivre l'une ou l'autre des indications, la plus probable : on arrivera peut-être à une impossibilité, soit deux familles dont la description ne répond pas à la plante, soit deux caractères qui ne peuvent s'appliquer à l'espèce ni l'un ni l'autre ; on reprendra alors le second caractère du numéro indécis qui conduira très probablement à une donnée exacte : c'est ce que l'on pourrait appeler une détermination par l'absurde.

Il ne faut pas trop s'acharner après une difficulté qui ne peut être résolue par deux ou trois essais, il vaut mieux attendre quelques jours : un examen nouveau, le travail de la réflexion, la récolte d'une autre espèce analogue vous mettront souvent sur la voie. En tout cas, ce serait une sottise de jeter les échantillons indéterminés ; on pourra en trouver les noms en les comparant plus tard avec d'autres collections ou avec les plantes vivantes d'un jardin botanique.

e) *Détermination des espèces difficiles.* — On peut d'ailleurs faire déterminer les espèces difficiles par un amateur : voici le meilleur procédé à suivre. On recueille toujours deux échantillons de ces plantes que l'on marque d'un même numéro, on en envoie une série au botaniste qui veut bien vous rendre ce service ; il n'a à vous retourner qu'une liste portant les noms en regard des numéros, et il peut conserver à titre de rémunération les doubles qui l'intéressent.

On aura toujours recours à ce moyen pour les Cryptogames qui ne peuvent être déterminés qu'à l'aide du microscope et d'ouvrages coûteux, et par des spécialistes ; il sera même nécessaire, pour ces plantes, de faire vérifier les échantillons que l'on aurait pu déterminer soi-même par comparaison.

**3. Dessiccation des plantes et étiquetage définitif.** — a) *Préparation première.* — On prend du papier gris sans colle du format de l'herbier et l'on prépare un certain nombre de coussins formés de deux, trois ou quatre feuilles doubles placées l'une dans l'autre ; on dispose, en outre, de deux planchettes solides ou de grillages métalliques de dimensions telles qu'ils débordent légèrement le papier.

Sur l'une des planchettes, on pose un coussin et, sur ce

coussin, une feuille double de papier gris ouverte (chemise), de manière que le bord ouvert soit appliqué sur le dos du coussin ; sur la moitié droite de la face intérieure de la chemise, on dispose les plantes, en ayant soin qu'elles conservent leur port habituel et qu'elles ne se recouvrent pas. Ne mettre qu'une seule espèce par chemise. On ajoute une étiquette qui doit être dès à présent complète, on ferme la chemise, on pose un coussin, le dos sur le bord ouvert de la chemise, et l'on continue jusqu'à ce qu'on ait épuisé le contenu de la boîte. Recouvrir ensuite le tout par une seconde planchette et presser à l'aide de courroies ou de poids. Un grenier convient très bien comme lieu de dessiccation.

b) *Soins à donner pour la dessiccation complète.* — Toutes les vingt-quatre heures, on enlève les coussins devenus humides et on les remplace par des coussins secs. L'opération se fait rapidement si l'on a pris soin de disposer chemises et coussins comme il est dit plus haut. Puis on met les coussins humides à sécher pour s'en servir de nouveau. Il vaut mieux que les plantes restent constamment dans les mêmes chemises.

Le lendemain de la mise en presse, les plantes sont encore assez molles pour qu'on puisse redresser les feuilles qui auraient pris de faux plis. Lorsqu'on a changé les coussins une fois ou deux, on peut exposer les plantes au soleil ou devant le feu pour hâter la dessiccation. La dessiccation d'un échantillon est complète lorsqu'il est devenu rigide ou cassant et qu'il ne donne plus à la main une sensation de fraîcheur.

c) *Dessiccation des plantes charnues.* — Les plantes à racines bulbeuses ou à feuilles charnues qui continueraient de végéter dans l'herbier pourront être plongées dans le vinaigre pendant 24 heures pour les tuer avant leur préparation.

Voici un autre procédé : passer lentement la plante dans

une solution en ébullition d'acide salycilique dans l'alcool $\left(\frac{1}{600}\right)$ environ; secouer pour faire tomber le liquide en excès, et sécher ensuite à la façon ordinaire. On emploie ce procédé pour toutes les plantes, mais surtout pour les plantes charnues et pour celles dont les couleurs sont fugaces.

On peut aussi obtenir de bons résultats en immergeant les plantes charnues dans l'eau bouillante jusqu'à la fleur exclusivement.

Lorsque la tige n'est pas très charnue ni très volumineuse, on emploie aussi avec avantage un fer à repasser convenablement chauffé que l'on applique immédiatement sur la plante. La préparation des *Sedum*, en particulier, réuss bien par ce procédé.

On a aussi une dessiccation rapide avec une conservation parfaite des couleurs par le procédé suivant. On dispose la plante entre des coussins épais placés eux-mêmes entre deux larges briques, et l'on expose le tout à la chaleur d'un four. Au bout d'une heure, on change les coussins et l'on met de nouveau au feu. A cause de sa longueur, on ne peut employer ce procédé que pour quelques plantes spéciales, comme les Orchidées. Pour les Orchidées, on recommande aussi d'opérer comme suit : mettre sous presse comme d'ordinaire et comprimer pour fixer la position. Ouvrir les chemises et recouvrir la plante d'une feuille simple de papier buvard ; verser de place en place sur chaque feuille de la benzine en assez grande quantité pour qu'en s'étendant le liquide recouvre toute la feuille. Mettre sous presse et exposer à l'air comme à l'ordinaire. (GARNIER.)

d) *Préparation des Cryptogames cellulaires.* — Bien que la détermination des Cryptogames cellulaires soit à peu près impossible pour les débutants, nous indiquerons sommairement les moyens de les préparer.

En général, les échantillons seront séparés et placés dans des sachets de papier avant d'être déposés dans la boîte à herboriser. Les Mousses et les Hépatiques sont très faciles à sécher ; il suffit de les presser légèrement pendant vingt-quatre heures entre des feuilles de papier buvard.

On conseille de faire bouillir les Champignons dans une solution de salpêtre, ou de les immerger dans des huiles de goudron de houille avant de les dessécher. J'ai vu chez un de mes amis une collection de Champignons séchés sans aucune précaution spéciale, mais avec soin, par le procédé ordinaire ; les échantillons étaient très bien conservés et faciles à reconnaître.

Les Lichens se préparent comme les Mousses et les Hépatiques.

Quant aux Algues, on les place, au retour de l'herborisation, dans un vase contenant une grande quantité d'eau bien claire : elles y flottent et s'y étalent. On glisse alors sous la plante une feuille de papier fort, et on la soulève avec précaution hors de l'eau, de manière à ce qu'elle conserve son aspect naturel.

e) *Étiquetage définitif*. L'étiquette qui doit accompagner la plante dans toutes les manipulations portera les indications suivantes :

1° Le *nom scientifique* de l'espèce, avec indication du nom d'auteur, suivant l'abréviation ordinairement usitée ; ce nom ou cette abréviation suivra immédiatement le nom spécifique et n'en sera séparé ni par une virgule ni par une parenthèse (l'indication entre parenthèses se rapporterait seulement au nom du genre, suivant la notation allemande que le Congrès de botanique de Paris a rejetée) ;

2° Le port de la plante : si c'est une herbe, un arbuste ou un arbre, et, de plus, quelle est sa forme et sa hauteur. En même temps, on indiquera la couleur des fleurs ;

3° La station : si la plante croît dans les marais, dans une forêt, etc.; autant que possible, la nature du sol, calcaire, sableux, argileux ; l'altitude si l'on est dans un pays de montagnes. Mentionner ici si la plante est cultivée ;

4° La localité : non seulement le nom de la commune,

mais la localité précise, hameau, groupe d'habitations, telle prairie, tel talus de la route, telle partie d'un bois, etc., afin qu'un botaniste puisse retrouver la plante d'après ces indications;

5° La date de la récolte;

6° Le nom du collecteur.

Il sera bon d'indiquer sur les étiquettes définitives :

1° En tête, le nom de la famille;

2° Le nom vulgaire : il ne faut pas confondre ce nom avec la traduction française du nom latin, laquelle n'a aucune raison d'être reproduite, mais indiquer le nom ou les noms sous lesquels la plante est connue de tout le monde ou des habitants de la localité. Beaucoup de plantes n'ont pas de nom vulgaire;

3° Les propriétés et les usages : indiquer très sommairement en quoi la plante est utile ou nuisible, se garder d'exagération sur ce point, et ne pas chercher de propriétés aux plantes qui n'en ont jamais eu.

Il est évident que ces deux indications resteront en blanc pour nombre d'échantillons.

Voici un exemple d'étiquette libellée comme nous venons de l'indiquer :

---

### HERBIER DE L'ÉCOLE NORMALE DE LOCHES

*Famille :* Valérianées.
*Nom scientifique :* Valerianella olitoria Poll.
*Nom vulgaire :* Mâche, royale, boursette, coquillo, doucette.
*Port :* Tige rameuse de 2 à 5 dm.
*Propriétés et usages :* Les jeunes rosettes de feuilles se mangent en salade toute l'année.
*Station :* Champs, vignes.
*Localité :* Loches.
*Date de la récolte :* 15 mai 1887.
*Nom du collecteur :* V. Martel.

ou encore :

---

### ÉCOLE PRIMAIRE SUPÉRIEURE D'ELBEUF
#### HERBIER

*Nom scientifique :* Primula officinalis Jacq.
*Nom vulgaire :* Primevère, Coucou.
*Famille :* Primulacées.
*Propriétés et usages :* Béchique, fleur employée contre la toux.
*Habitat :* Bois, collines sèches.
*Lieu et date de la récolte :* Elbeuf, Roche de Candie. 15.4.85.

V. MARTEL.

---

Ces étiquettes conviennent surtout pour les herbiers qui sont destinés à l'enseignement, ceux des écoles et ceux des instituteurs ou professeurs. Les amateurs adoptent souvent un libellé plus simple donnant le nom scientifique, le lieu et la date de la récolte, et la signature du collecteur.

---

### HERBIER V. MARTEL

Impatiens noli-tangere L.
Beaulieu, route de la Forêt, à droite, 1ᵉʳ juillet 1886.

V. MARTEL.

---

**4. Mise en herbier et conservation.** — a) *Disposition définitive des échantillons.* — Les échantillons d'une même espèce recueillis dans une même localité sont attachés sur une feuille simple de papier bulle avec des bandelettes de papier gommé de la même nuance que le papier bulle.

L'opération demande quelques précautions ; il faut, lorsque la tige à fixer a quelque volume, appuyer de chaque côté avec un couteau ou le manche d'un scalpel, jusqu'à ce que

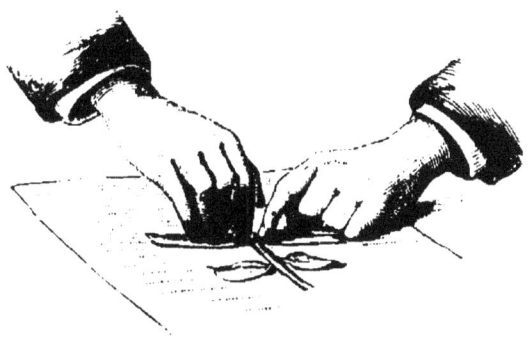

Fig. 23. — Manière de coller les bandelettes.

la gomme soit sèche et que la tige ne puisse plus soulever la bandelette (fig. 23 et 24.) Voici un moyen très simple de

Fig. 24. — Bandelette mal collée.

se procurer ces bandelettes. On enduit toute la surface d'une feuille de papier d'une solution épaisse de gomme, on laisse sécher ; on n'a plus qu'à découper la feuille en lanières avec des ciseaux. Certaines personnes emploient, pour fixer les plantes, les bordures des feuilles de timbres, des étiquettes gommées qu'elles découpent convenablement ; nous recommandons de préparer soi-même le papier afin d'avoir des lanières de même nuance que le papier de l'herbier : c'est un détail qui ajoute à l'élégance de la collection.

On place à côté de la plante un ou plusieurs sachets en

forme d'enveloppes dans lesquels on place les graines ou encore les pétales fugaces de certaines fleurs, ou d'autres organes délicats qui pourraient se perdre autrement.

Fig. 25. — Feuille d'herbier avec étiquette.

b) *Collage des étiquettes*. — L'étiquette se colle au bas de la feuille à droite (fig. 25) ; s'il s'agissait d'échantillons provenant de localités différentes, il faudrait les distinguer par des numéros et les indiquer sur l'étiquette.

c) *Mise en cartons*. — Chaque espèce est placée dans une feuille double ou chemise également de papier bulle, légèrement plus grande dans tous les sens que les feuilles simples.

Pour faciliter les recherches, on peut inscrire au crayon sur le recto de la chemise, en haut et à droite, le nom scientifique de la plante; on sépare les genres par des fiches saillantes (1). Les feuilles doubles sont réunies par familles en paquets, que l'on place entre deux cartons réunis par un dos ou non, et serrés modérément.

d) *Conservation des plantes*. — Les botanistes sont obligés de prendre des précautions spéciales pour conserver leurs herbiers en bon état et les préserver des attaques des insectes et des végétations cryptogamiques. Quelques-uns placent leurs plantes dans des cartons fermés hermétiquement et enferment ces cartons dans une armoire située dans un endroit bien sec. La plupart enduisent leurs plantes d'un liquide préservateur, presque toujours une solution de bichlorure de mercure. Voici la composition du liquide employé et l'indication du mode opératoire : alcool de vin à 85°, 1 litre; bichlorure de mercure ou sublimé corrosif, 22 grammes. Quelques auteurs proposent une dose de poison plus élevée; nous croyons que la proportion indiquée est suffisante et qu'il serait inutile de la dépasser.

Nous recommandons spécialement le mode opératoire donné par M. Burnat dans la *Feuille des jeunes naturalistes*, et nous nous associons à ses réserves « C'est une opinion assez répandue de croire que le sublimé corrosif ne protège que temporairement les plantes conservées dans les herbiers; on a même donné différentes explications à l'appui de cette assertion que je considère comme absolument erronée. Si

---

(1) Il est avantageux d'adopter un format plus petit pour les mousses champignons, lichens et algues.

l'on opère comme je vais l'indiquer, on obtiendra certainement une conservation indéfinie. Il faut tremper la plante entière dans un bain de la dissolution alcoolique renfermée dans un grand plat de faïence; appliquer le pinceau afin de faire pénétrer le liquide jusqu'au centre des parties les plus attaquables (par exemple, les capitules des Composées), égoutter rapidement, puis poser la plante sur des baguettes de bois de façon à ce qu'elle sèche librement à l'air. Lorsque l'échantillon ne mouille pas le papier et sans attendre qu'il soit déformé par la dessiccation, on le met en presse entre des matelas de papier pour le sortir au bout de quelques heures et le placer dans le papier de l'herbier.

« Les dangers que présente l'emploi du sublimé corrosif ne résultent nullement des accidents qui peuvent survenir dans le courant de l'opération que je viens de décrire, si l'on emploie des pinces en bois et quelques autres précautions accessoires.

« Mais le sublimé reste (même à la dose de 22 grammes) à l'état de poudre sur la plante sèche. Lorsqu'on manie les échantillons d'herbier, qu'on classe, intercale, ou qu'on visite rapidement des paquets, une poussière se dégage qui est éminemment toxique et dangereuse à respirer. Cette poussière finit par envahir le local de l'herbier, et si l'on examine au microscope les poussières déposées dans les recoins de l'appartement occupé et même sur les livres et les objets qui y sont déposés, on y trouve des cristaux de sublimé. J'ai vu des botanistes qui empoisonnaient et faisaient toutes les manipulations des plantes dans un cabinet d'étude de dimensions restreintes. Je connais au moins trois cas d'intoxication provenant sans le moindre doute des poussières absorbées par la respiration. C'est là uniquement qu'est le danger de l'emploi du sublimé dans les collections botaniques, et il est difficile de s'en préserver. Depuis que j'en ai été moi-même victime, je prends des précautions. Elles consistent à procéder à l'application du sublimé dans un local spécial que l'on tient parfaitement propre et exempt de poussière, à pratiquer tous les classesements et intercalations dans une autre salle, différente encore du cabinet de travail. Je considère comme dangereux tout autre système, et je suis arrivé depuis longtemps à cette conclusion qu'un herbier convenablement empoisonné au sublimé offre toujours certains dangers dans sa manipulation. »

Ces dangers sont au maximum lorsqu'on n'a pas un vaste emplacement disponible, et comme ce moyen n'est pas à la portée de tous les possesseurs d'herbier, je pense que le meilleur procédé à adopter est en définitive le sulfure de carbone. Il n'offre aucun danger pour la santé, il est d'un emploi peu dispendieux, il n'ajoute pas une perte de temps à celle considérable déjà qu'absorbe toute collection botanique. Ce procédé donne d'excellents résultats, et je le pratique depuis plusieurs années pour toutes les parties de ma collection qui ne sont pas encore intercalées dans l'herbier. Mais, encore ici, il faut s'entendre sur les moyens de pratiquer l'opération. Il convient de la répéter chaque année, de dégager les paquets de leurs courroies et de les réduire à une faible hauteur afin d'éviter toute pression trop forte sur les feuilles inférieures des paquets, d'abandonner les plantes durant une quinzaine de jours dans la vapeur de sulfure de carbone produite au milieu d'une caisse en zinc à fermeture hydraulique. D'après mes observations, aucun insecte ni aucune larve ne résiste à ce traitement. J'admets bien, même si l'on répète l'opération chaque année, que l'on pourra rencontrer çà et là quelques insectes, mais les dégats qu'ils causeront seront insignifiants, et dans tous les cas bien moindres que ceux que l'on observe souvent dans les collections imparfaitement traitées par le sublimé. »

En résumé, le procédé au sulfure de carbone se recommande par sa facile application, son prix peu élevé, son efficacité et surtout son innocuité absolue lorsqu'on opère en plein air. C'est le seul que doivent employer les professeurs et les instituteurs pour les herbiers destinés à servir à l'enseignement.

e) *Echanges*. — Pour former un herbier dans de bonnes conditions, il est nécessaire de recourir aux ressources procurées par les échanges. Pour les plantes récoltées et desséchées par d'autres botanistes que l'on reçoit à titre de dons ou d'échanges, on conserve soigneusement l'étiquette du collecteur et on la colle aussi au bas de la feuille, mais à gauche, le côté droit restant exclusivement affecté aux étiquettes générales et uniformes de l'herbier, à celles sur lesquelles le possesseur inscrit le résultat de ses déterminations et les renseignements qu'il a recueillis. Les envois se font à la fin de chaque saison ou seulement avant l'hiver.

On peut faire insérer des avis et demandes d'échanges dans la *Feuille des jeunes naturalistes*; les insertions se font gratuitement pour les abonnés. Parmi les journaux pédagogiques, l'*Instruction primaire* offre tous les mois les mêmes avantages à ses abonnés. On peut aussi faire insérer ces demandes toutes les semaines dans la correspondance du *Journal des Instituteurs*.

f) *Classement*. — Pour le classement, on suivra invariablement comme guide une Flore une fois adoptée. Il vaut mieux prendre une Flore générale de la France. On pourra émarger au crayon les espèces que l'on possède, mais seulement après le classement définitif et non après la récolte. La Flore servira ainsi de catalogue permanent.

La maison Paul Dupont vient de publier un *Catalogue des plantes de France, de Suisse et de Belgique*, par M. E. G. Camus (1), qui rendra de grands services aux collectionneurs. Chaque page est divisée en deux colonnes : dans la colonne de gauche se trouve la liste des espèces, dont les noms sont imprimés en caractères spéciaux. A chaque espèce type sont rattachées les sous-espèces, espèces douteuses, variétés. La colonne de droite, laissée en blanc, permet au botaniste

---

(1) Un volume in-8° de 335 pages, 4 fr. 25.

d'écrire ses observations particulières, le papier étant collé. Cet ouvrage deviendra un excellent catalogue d'herbier, offrant au collectionneur, avec l'inventaire de ses richesses, l'indication des espèces qu'il doit chercher à se procurer.

En général, lorsqu'on forme une collection, on ne saurait prendre trop de soins pour que les échantillons soient beaux et bien conservés : voilà pourquoi ces conseils, tout minutieux qu'ils paraissent, étaient en tous points nécessaires.

Les indications portées sur les étiquettes doivent toujours être scrupuleusement vraies. Il y a des personnes qui recueillent des plantes dans un jardin ou les reçoivent des contrées voisines et qui leur assignent sur l'étiquette une localité du pays sous prétexte que ces plantes y croissent ou que les Flores les y indiquent. C'est un mensonge qui, s'il est découvert, fera perdre toute valeur à l'herbier; en tout cas, c'est un acte indigne d'un travailleur consciencieux.

Soyez soigneux et scrupuleux : vous vous trouverez un jour botaniste sans vous en douter, et vous posséderez une collection qui, pour n'être pas bien complète, sera intéressante et aura de la valeur même aux yeux des savants.

# II

## COUP D'ŒIL SUR LES PRINCIPALES STATIONS DES PLANTES

Il est intéressant de connaître, au moins dans ses traits généraux, la constitution géologique du pays où l'on doit herboriser.

**1. Rapports entre les espèces et la composition du sol.** — A chaque formation géologique correspond un ensemble de roches spéciales, et les espèces végétales varient suivant la composition chimique du sol. Ainsi, dans les terrains calcaires, croissent la Globulaire, des Lins à tiges ligneuses, des Ophrys, l'Ophrys abeille surtout, la Sauge des prés, la Vulnéraire, la Coronille, l'Hippocrépis, la Scabieuse et le Genévrier, pour ne citer que les plantes caractéristiques; dans les amas de sables, on peut voir l'œillet prolifère, la petite Oseille, l'Alyssum ou Corbeille d'or sauvage, le Chamagrostis minime; tandis que les sols argileux, les terres fortes, portent la Chicorée sauvage, la Laitue à fleurs violacées, le Vulpin genouillé, le Sureau Yèble, le Lotier corniculé, que l'on trouve fréquemment sur le bord des routes et dans les cultures.

**2. Principales stations.** — A part ces plantes à destinations spéciales, il y a nombre de végétaux qui croissent toujours dans les mêmes stations, quelle que soit la nature du sol.

Il existe, pour ainsi dire, une flore spéciale pour les bois et les forêts, les landes, les pelouses sèches, les murs, les bords des chemins, les environs des habitations, les prairies, les marécages, les étangs, les cours d'eau, les cultures maraîchères et les moissons.

a) *Bois et forêts, landes.* — Les bois et les forêts comprennent un grand nombre d'espèces particulières, au premier rang desquelles il faut placer les Amentacées, dont les fleurs en chatons s'épanouissent au premier printemps; viennent ensuite les Conifères. Si l'on parcourt les bois dans le mois d'avril, on les voit ornés de Violettes, de Ficaires, de Primevères, d'Anémones et de Pulmonaires (voy. fig. 26), auxquelles succèdent, quand le nouveau feuillage a paru, les Orchidées, la Mélitte, la Pervenche, le Chèvrefeuille et les Campanules. Ajoutons que les bois sont l'habitat préféré des Fougères, des Mousses, des Hépatiques, des Champignons, des Lichens, et qu'ils offrent de précieuses ressources pour les herborisations d'automne et d'hiver.

Les landes sont aussi leur parure; elles la doivent aux Bruyères surtout. Rien de plus gracieux que la Bruyère cendrée, la Callune, la Bruyère à balai, la Bruyère tétralix, mariant les grappes élégantes de leurs fleurs roses ou grises aux fleurs jaunes des Genêts et des Ajoncs.

b) *Murs voisinage des habitations.* — Les murs sont habités par des espèces particulières. En dehors des Mousses et des Lichens, nous y trouvons le Saxifrage à feuilles tridigitées, la Pariétaire, quelques Graminées, des Fougères, la Rue des murailles, le Polypode vulgaire et la Scolopendre; la Joubarbe et des Sédum assez nombreux, le Géranium herbe à Robert, la grande Chélidoine, plus rarement l'Iris d'Allemagne, des Rumex, le Centranthe ou barbe de Jupiter, la Linaire cymbalaire, le Muflier ou Gueule de loup, etc. (Voy. fig. 27 en tête de l'ouvrage.)

Tous les botanistes ont remarqué que certaines espèces affectionnent spécialement le voisinage des habitations; on pourra y récolter la Mauve à feuilles rondes, la Bardane, les Orties, le Pâturin annuel, la Mélisse, la Jusquiame et quelques autres.

*c) Champs et bords de chemins.* — Un grand nombre de plantes sont propres aux champs cultivés et paraissent avoir la même patrie que le blé qu'elles accompagnent partout : le Bluet, le Coquelicot, le Miroir de Vénus, le Pied d'Alouette, apparaissent au temps de la moisson (voy. fig. 28). D'autres, comme les Véroniques, se montrent au début du printemps ; d'autres enfin, comme les Menthes et la Nigelle, suivent la récolte : toutes sont annuelles comme les cultures dont elles partagent le séjour.

Les espèces vivaces préfèrent au contraire le bord des champs et des chemins, les talus et les fossés où elles trouvent un refuge contre la charrue. C'est là que l'on peut récolter la Pâquerette, le Trèfle rampant et le Trèfle fraise, les Potentilles et les Lotiers.

*d) Prairies.* — Mais les vallées surtout sont riches en végétaux, à cause de la fertilité du sol d'alluvion et du voisinage des eaux. Le gazon des prairies est formé d'une foule de plantes différentes qui, pour la plupart, appartiennent à la famille des Graminées, et entre lesquelles on voit briller au printemps les Renoncules, les Pâquerettes, les Cardamines et les Pissenlits, puis les Orchis, les Lychnis, les Pédiculaires, les Rhinanthes, les Chrysanthèmes, les Pigamons qui forment une seconde parure ; près des eaux se trouvent la Reine des Prés, la Lysimaque, la Nummulaire et le Beccabunga ; les prés marécageux offrent une infinie variété de Carex et de Joncs.

*e) Marais et ruisseaux.* — Les marais et les ruisseaux ne sont pas moins riches (voy. fig. 29) ; c'est là qu'on voit les Nénuphars, étalant sur les eaux profondes leurs larges feuilles et leurs belles fleurs à odeur suave. L'Iris des marais, le Butome ou jonc fleuri, le Plantain d'eau, la Sagittaire, la Renoncule aquatique, l'Hottonie,

Fig. 26. — Les Plantes des bois, au premier printemps.

Fig. 28. Les Plantes des champs, au printemps.

Fig. 29. — Les Plantes des étangs, en été.

des marais et le Myosotis se trouvent plus près des bords. On prend beaucoup de plaisir à étudier aussi d'autres espèces nageantes, qui, pour avoir un périanthe moins brillant, n'en sont pas moins dignes d'intérêt pour le botaniste : tels sont les Potamogeton dont les espèces sont si nombreuses et si variées de formes, les Cératophylles et les Myriophylles, les Callitriches, les Lemnacées, et, parmi les Cryptogames, les Chara aux fructifications si curieuses.

f) *Bords de la mer et montagnes.* — Nous ne parlerons que sommairement de la flore des bords de la mer et de celle des montagnes.

Sur les bords de la mer, les plantes sont généralement charnues, grasses, et prennent un grand développement. C'est là que l'on trouve en abondance les Plumbaginées et les Chénopodées, et, parmi celles-ci, des genres spéciaux : Soudes, Salicornes, Suédas, Ansérines, Arroches (G. *Salsola, Salicornia, Suæda, Chenopodium, Atriplex*). Les algologues y feront d'abondantes récoltes. Il n'entre pas dans notre cadre de donner des indications détaillées sur la récolte et la préparation des Algues ; nous renvoyons pour ce sujet à l'ouvrage de M. Bornet : *Instructions sur la récolte, l'étude et la préparation des Algues.*

La flore des montagnes offre des caractères tout spéciaux. Les plantes acquièrent un faible développement comme parties vertes ; par contre, elles sont solidement fixées par de grosses et longues racines. Leurs feuilles sont souvent tomenteuses ou visqueuses, les fleurs ont des couleurs vives et faciles à conserver, les espèces spéciales y abondent. Il est nécessaire de consulter des ouvrages spéciaux pour les herborisations dans ces régions. Voir à ce sujet les indications données aux articles : Alpes, Dauphiné Jura, Plateau central, Pyrénées, Savoie, de l'Appendice bibliographique placé à la fin de ce Guide.

## III

### INDICATIONS SUR LES RÉCOLTES PROPRES A CHACUNE DES SAISONS DE L'ANNÉE

1. — **Hiver** (*décembre, janvier, février.*)

« Il est souvent admis, dit quelque part M. Gaston Bonnier, que la botanique est « cette science aimable qui « s'occupe de décrire les fleurs ». Aussi ne comprend-on pas, généralement, ce que peuvent être des herborisations d'hiver, et même un certain nombre de ceux qu'on appelle « botanistes » ne songent aucunement à aller récolter des plantes dans cette saison où la vie des végétaux semble suspendue. Comment irait-on chercher des fleurs à l'époque où il n'y en a pas ?

a) *Récolte de plantes en fleurs.* — « Il faut d'abord savoir qu'il y a des fleurs en hiver, même dans notre pays, et si celui qui se promène dans la campagne est encore novice et commence à examiner les formes végétales, il trouvera le Lamier blanc, le Lamier pourpre, le Céraiste en fleurs au bord des chemins, le Séneçon, la Bourse à pasteur ou le Mouron sur les vieux murs, la Mercuriale, le Souci, la petite Renouée dans les champs, la Pâquerette, la Dent-de-Lion, la Moutarde sauvage, les petites Véroniques à fleurs pâles, le Laiteron, plusieurs Euphorbes et bien d'autres plantes fleuries qui pourront servir à ses premières études.

b) *Récolte de fruits.* — « Le commençant trouvera en outre, à cette époque, un très grand nombre de fruits de la saison dernière, et quelques-uns ne sont même en bon état pour être observés que pendant les mois d'hiver. Les fruits rouges des Rosiers et des Fusains, les akènes plumeux des Clématites (fig. 30), les baies des Troènes, des Bourdaines et des Prunelliers, les fruits

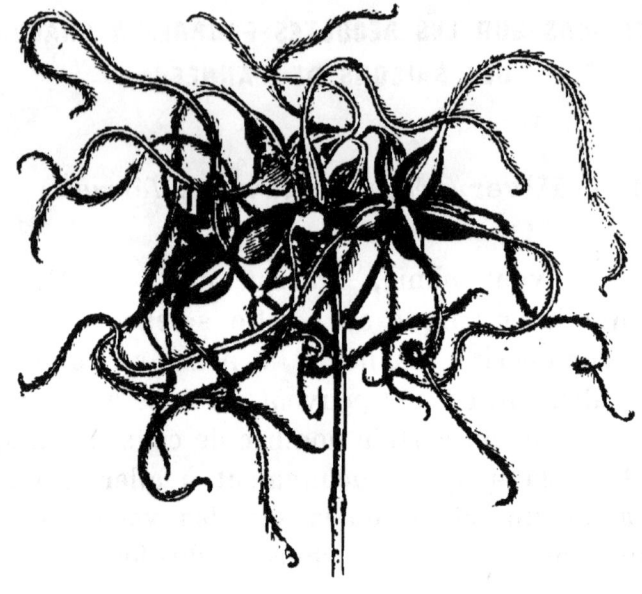

Fig. 30. — Fruit de Clématite (Renonculacée), à akènes surmontés de leurs styles persistants, plumeux.

des arbres verts (Pins, Genévriers, etc.) sont encore çà et là attachés aux branches. A côté des plantes ligneuses, les herbes elles-mêmes peuvent offrir d'intéressantes observations. Sur leurs tiges sèches de l'année passée, les fruits et les graines sont encore intacts et complètement mûrs. Celui qui veut se rendre compte de l'organisation des grandes familles de plantes trouvera, en les étudiant, des caractères parfois plus importants et moins variables que ceux qu'on déduit des organes floraux. »

Car on n'herborise pas uniquement pour cueillir ou

déraciner des plantes à fleurs, pour en compter le nombre

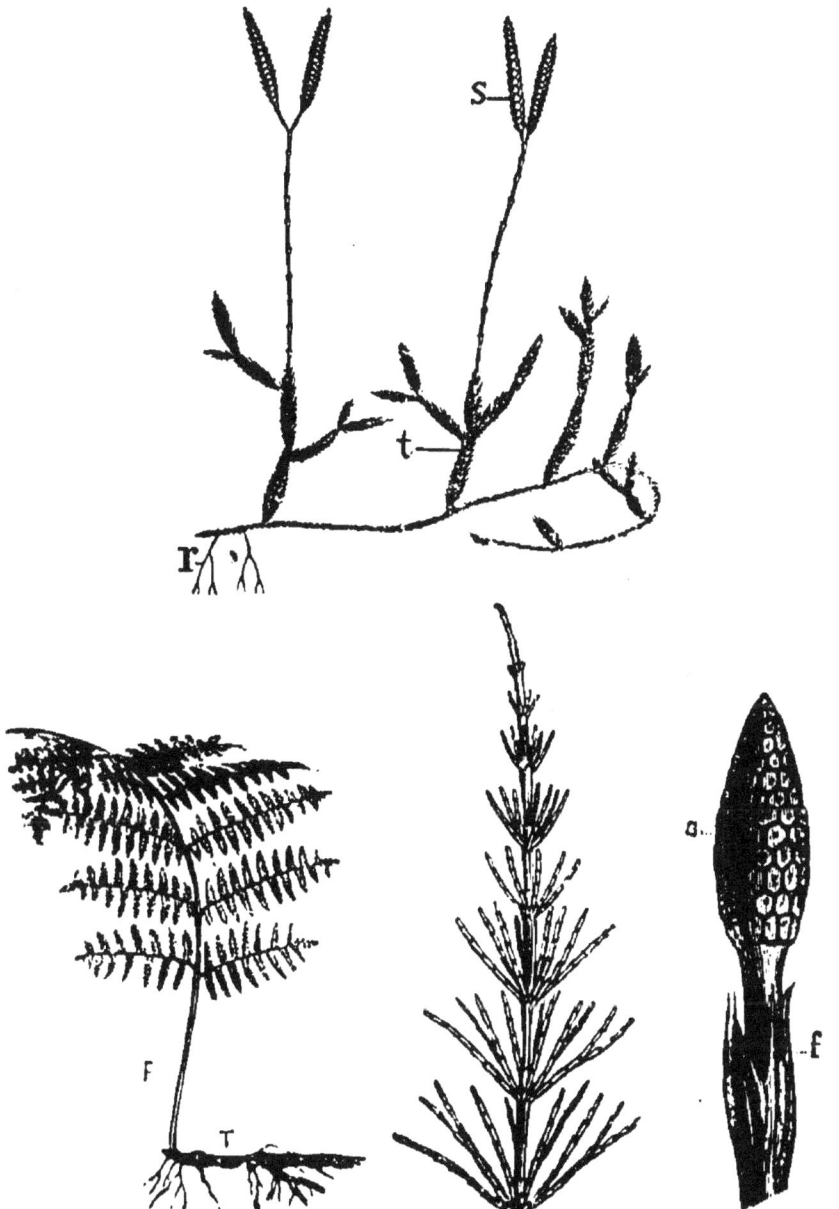

*Cryptogames vasculaires.*

Fig. 31. — Lycopode. Fig. 32. — Fougère aigle. Fig. 33 et 34. — Prêle des champs, rameau stérile et rameau fertile.

d'étamines ou de pétales, pour arriver à en déterminer le

nom et à les classer dans un herbier, mais encore pour observer le mode de végétation des plantes, leur résistance aux agents atmosphériques, leur prédilection pour certaines stations particulières ; en un mot, à l'anatomie externe et à la classification, il faut joindre l'étude de la physiologie, de manière que la plante de l'herbier ne rappelle pas seulement un nom botanique appris au cours d'une promenade intéressante, mais encore l'histoire plus ou moins détaillée du végétal.

c) *Récolte de Cryptogames.* — De plus, il n'y a pas que des plantes à fleurs dans la nature.

Les botanistes distinguent, à côté des *Phanérogames*, trois autres embranchements qui ont une importance égale à celle du premier groupe : les *Cryptogames vasculaires*, les *Muscinées* et les *Thallophytes*.

Les Cryptogames vasculaires possèdent, comme les Phanérogames des vaisseaux, des racines, une tige et des feuilles, mais en diffèrent par leur mode de reproduction ; ce sont :

1º Les *Fougères*, qui se reconnaissent à première vue par leurs feuilles très développées et qui comprennent de nombreuses espèces : Fougère aigle (fig. 32), Osmonde, Polypode, Scolopendre, Fougère mâle, Rue des murailles, Capillaires, etc. ;

2º Les *Équisétacées* ou *Prêles*, dont une espèce est trop connue des cultivateurs sous le nom de Queue-de-Cheval ; les fig. 33 et 34 représentent un rameau stérile et un rameau fertile de cette espèce.

3º Les *Lycopodiacées*, qui ont les feuilles très petites, alternes, éparses, comme celles des mousses ; on les trouve quelquefois dans les bois et fréquemment sur les hautes montagnes (fig. 31).

Les Muscinées ont le plus souvent une tige et des feuilles, mais manquent de racines et de vaisseaux ; elles comprennent les *Mousses* et les *Hépatiques*.

HIVER 51

Le nombre des espèces de Mousses est très grand, même dans une région restreinte : les catalogues particuliers des départements en décrivent de deux à quatre cents espèces. La fig. 35 représente la Mousse des Jardiniers ou Hypne triquètre, commune dans les bois.

Certaines Hépatiques ont des tiges feuillées qui les rapprochent des Mousses : d'autres espèces n'ont plus ni tige

*Muscinées.*

Fig. 35. — Hypne triquètre ou mousse des jardiniers ;
Fig. 36 et 37. — Marchantia polymorphe (Hépatique).

ni feuilles, mais un simple thalle et ressemblent aux Lichens comme aspect extérieur : la Marchantia polymorphe (fig. 36 et 37) appartient à ce dernier groupe.

On donne le nom général de Thallophytes aux *Champignons* et aux *Algues,* dont le corps n'est pas différencié en racines, tiges ni feuilles, mais forme une lame foliacée plus ou moins sinueuse et découpée, appelée *thalle.*

Les Algues contiennent de la chlorophylle ; elles vivent dans l'eau douce ou salée et dans l'air très humide. Nous donnons comme exemple (fig. 38) le Fucus à flotteurs.

Les Champignons sont parasites et n'ont pas de chlorophylle ; ils vivent soit sur des matières organiques en décomposition, soit sur des êtres vivants, végétaux ou animaux : la dimension en est très variable, de l'énorme bolet que l'on rencontre au pied des arbres jusqu'au microscopique ferment de la bière. Les uns sont vénéneux, comme la Fausse Oronge ; les autres, comestibles comme la Morille (fig. 39).

Les *Lichens* ressemblent beaucoup aux Champignons sous le rapport de l'aspect extérieur, mais, comme les Algues, ils contiennent de la chlorophylle. La plupart des botanistes refusent de les considérer comme des végétaux autonomes et voient en eux le résultat de l'association d'une algue et d'un champignon. Suivant l'expression de M. L. Errera, le lichen « est une association coopérative entre cellules d'algues et filets de champignons pour l'exploitation des rochers et autres coins perdus de la nature. » Le champignon fournirait à la société un moyen de se fixer et des substances organiques, et les cellules, le carbone et les substances minérales qu'elles peuvent prendre à l'air. Les Lichens croissent sur le sol, les rochers ou l'écorce des arbres : le Lichen des Rennes (fig. 40), très abondant en Laponie, est commun sur le sol de nos bois.

Eh bien, l'hiver est peut-être la saison la plus favorable pour l'étude et la récolte de tous ces végétaux. Nombre de Fougères, la Scolopendre entre autres, continuent de végéter tout l'hiver ; les Mousses sont encore pour la plupart en fructification sur les murs, sur les toits, dans les forêts ; il en est de même des Hépatiques. On trouve moins de champignons qu'à l'automne et au printemps, mais ils sont toujours abondants ; les Lichens couvrent les arbres et les rochers ou végètent sur la terre humide.

d) *Liste d'espèces à récolter.* — Voici les principales espèces qu'on pourra recueillir en hiver.

Dans les champs et les lieux cultivés :
*Papaver Rhœas* L., Coquelicot ;
*Fumaria officinalis* L., Fumeterre ;

HIVER  53

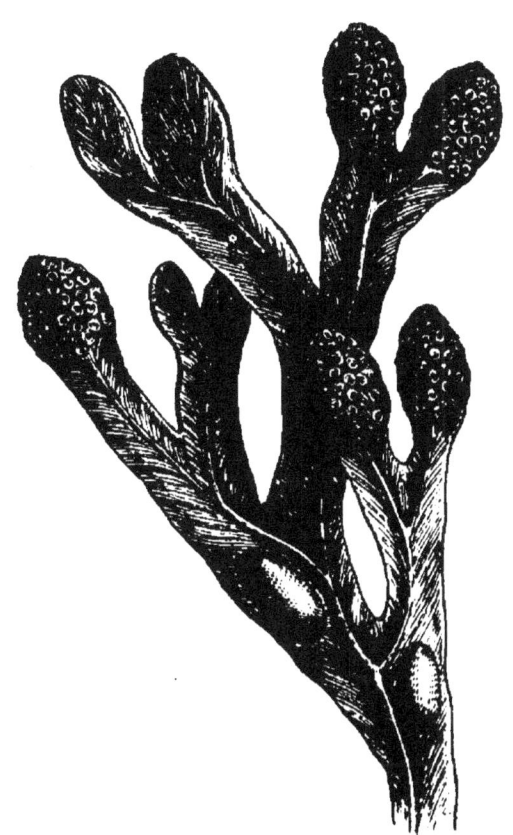

Fig. 38. — Fucus à flotteurs (Algue). On voit, au sommet des rameaux, les parties renflées où se forment les œufs. — En bas de la figure, on distingue, dans le thalle, deux flotteurs pleins d'air.

Fig. 39. — Morille (Champignon)

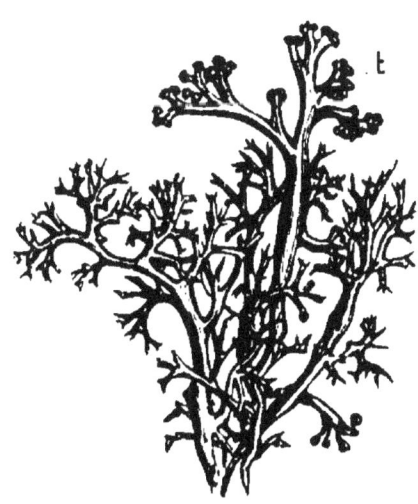

Fig. 40. — Lichen des rennes.

*Stellaria media* Will., Mouron des oiseaux ;
*Senecio vulgaris* L, Seneçon ;
*Taraxacum Dens-leonis* Desf., Pissenlit ;
*Linaria spuria* DC., Linaire bâtarde ;
*Lamium purpureum* L, Lamier pourpre ;
*Ranunculus repens* L, Renoncule rampante et quelques autres.

Sur le bord des chemins, à l'abri des murs :
*Capsella Bursa-pastoris* Mœnch., Bourse à pasteur ;
*Knautia arvensis* Koch, Scabieuse des champs ;
*Bellis perennis* L., Pâquerette ;
*Veronica hederæfolia* L, Véronique à feuilles de Lierre.
*Linaria Cymbalaria* Mill., Linaire cymbalaire, pour ne citer que les espèces les plus communes.

On trouve encore, cultivées dans les jardins :
*Helleborus niger* L, Rose de Noël (janvier);
*Anemone Hepatica* L, Hépatique (février-mars).

En fruits, avec des tiges herbacées sèches :
*Eryngium campestre* L, Chardon roulant, bords des chemins (on trouve quelques autres ombellifères sur les pelouses sèches).
*Dipsacus sylvestris* Mill., Cardère, bords des chemins;
*Carlina vulgaris* L, Carline, talus secs ;
*Erigeron acris* L, bords des chemins ;

Tiges ligneuses :
*Clematis Vitalba* L, Clématite, haies, bois ;
*Ilex Aquifolium* L, Houx, bois, haies ;
*Rosa...* plusieurs espèces, haies, bois ;
*Ruscus aculeatus* L, Petit Houx, bois ;
*Prunus spinosa* L, Épine noire, Prunellier, haies ;
*Ligustrum vulgare* L, Troène, haies, bois ;
*Rhamnus Frangula* L, Bourdaine, bois ;
*Ficus Carica* L, Figuier, jardins ;
*Pinus...*, *Abies...*, *Juniperus...*, Pins, Sapins, Genévriers bois et parcs.

« Les coudriers, *Corylus Avellana* L, dit l'aimable auteur de la *Vie des fleurs*, M. Eugène Noël, donnent le premier signal de la végétation ; dès le mois de janvier, leurs châtons, épanouis au soleil, abandonnent au vent leur pollen m (fig. 41), et la fleur femelle, à peine perceptible, se

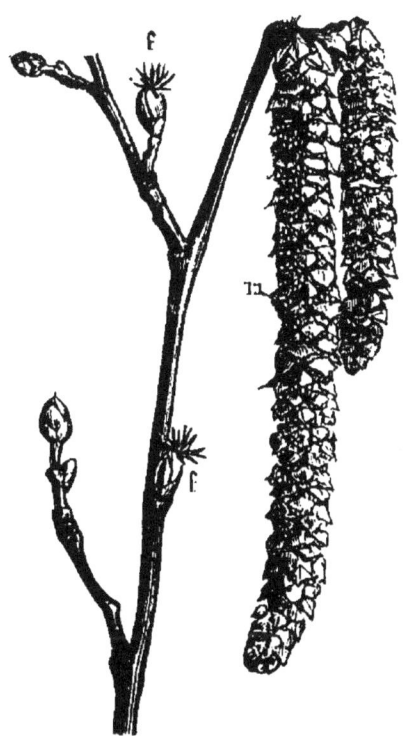

Fig. 41. — Fleurs monoïques (Noisetier ou Coudrier). Les fleurs à étamines *m* et les fleurs à ovules *f* sont sur la même plante.

montre en frissonnant, sous l'aspect d'un petit pinceau rouge (*f*, fig. 41). »

Dès février, on peut trouver, déjà développées et en fleurs, dans les endroits abrités des bois ;

*Galanthus nivalis* L, Perce-neige ;
*Ficaria ranunculoides* Mœnch, Ficaire ;
*Mercurialis perennis* L., Mercuriale vivace ;
*Ranunculus auricomus* L., Renoncule tête d'or ;
*Luzula vernalis* DC., Luzule printanière ;
*Anemone nemorosa* L, Anémone sylvie ;
*Vinca minor* L, Petite Pervenche ;
*Nardosmia fragrans* Reich., Héliotrope d'hiver, etc., etc.

Les Cryptogames fourniront de bonnes récoltes pendant ces trois mois. On recueillera les Fougères suivantes dans les bois :

*Pteris aquilina* L, Fougère aigle ;
*Polystichum Filix-mas* Roth., Fougère mâle ;
*Aspidium aculeatum* Roth ;
*Scolopendrium officinale* Sm., Scolopendre ; et sur les murs ;
*Polypodium vulgare* L, Polypode vulgaire ;
*Asplenium Ruta-muraria* L, Rue des murailles ;

Les Mousses sont nombreuses dans les lieux humides,

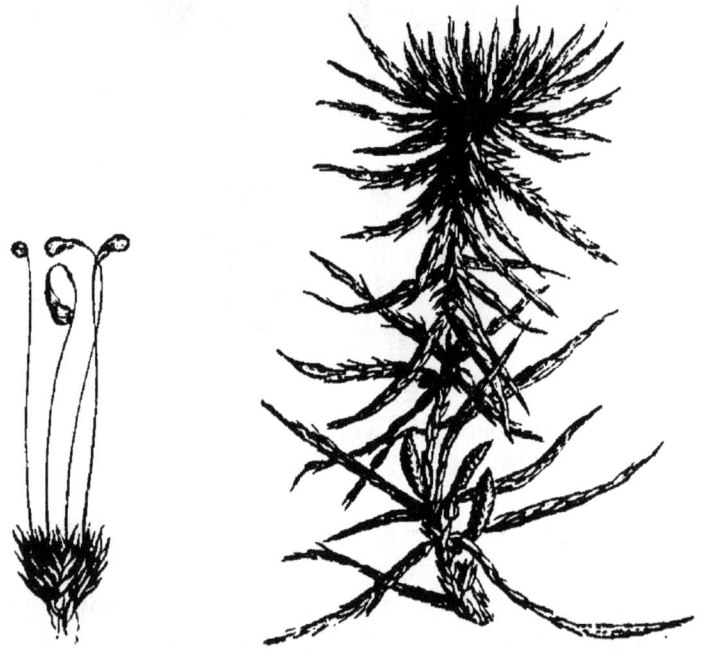

Fig. 42. — Funaire.   Fig. 43. — Sphaigne.

le long des ruisseaux, dans les bois. Voici les genres les plus communs :

*Polytrichum, Atrichum, Mnium, Hypnum, Dicranum, Leucobryum, Anomodon*. La Funaire hygrométrique (fig. 42) se développe aux endroits où l'on a fabriqué du charbon de bois ; les Sphaignes (fig. 43), sur le bord des étangs ; le *Bryum argenteum*, sur les toits ; les *Grimmia*, en globules hémisphériques, sur les murs ; les *Weissia* tapissent les anfractuosités des rochers ; l'*Ulota crispa* croît en petites boules sur le tronc des arbres ; l'*Hypnum cupressiforme* et sa variété filiforme en garnissent le pied. Sur les Chênes, on peut récolter partout deux hépatiques intéressantes, les *Frullania dilata et F. tamarisci*, qui s'annoncent de loin en larges taches brunes ou vertes sur le tronc des arbres.

2. — **Printemps** (*mars, avril, mai*).

Le printemps est l'époque des herborisations les plus fructueuses. Les espèces à recueillir sont très nombreuses ; aussi, si nous sommes entrés dans quelques détails pour l'hiver, en raison de la rareté des plantes en fleurs, nous bornerons-nous pour le printemps et pour l'été à des indications très générales.

a) *Mars*. — Dès le mois de mars, dans les stations des terrains sablonneux, sur les collines sèches et calcaires, exposées au sud et au sud-ouest, on rencontre déjà nombre d'espèces en pleine floraison. Ou bien ce sont des plantes bisannuelles et des plantes vivaces dont la floraison est hâtive : Renoncule bulbeuse, Violettes odorante et hérissée, Potentille printanière, Muscari, Primevères, — ou des végétaux annuels qui se ressèment d'eux-mêmes à l'automne aussitôt après la maturation des graines, font leur pied, poussent leurs feuilles avant l'hiver, et se trouvent ainsi prêts à éclore aux premiers beaux jours : Drave printanière, Thlaspi perfolié, Bourse à pasteur, plusieurs Véroniques, Saxifrage à feuilles digitées, Valérianelles.

b) *Floraison des arbres*. — Dès mars aussi, la forêt est à visiter. La floraison des arbres, qui a commencé en janvier-février par le noisetier, se continue dans les espèces de la famille des Amentacées : Chênes, Ormes, Peupliers, Saules, Hêtres, Charmes, épanouissent leurs châtons en mars et avril; puis viennent, dans les parcs et les avenues, les Acérinées : Érable, Sycomore. Avec avril et mai, on voit se parer de leurs fleurs les Rosacées : le Prunellier d'abord, puis les arbres à fruits comestibles : Cerisiers, Pêchers, Cognassiers, Néfliers, Pommiers, et enfin, en mai, les Sorbiers, les Alisiers et l'Aubépine. C'est aussi l'époque des Viornes et des Chèvrefeuilles qui ornent le feuillage naissant des bosquets et des haies.

C'est le moment de récolter en fleurs le Gui, *Viscum album* L., sur les arbres des forêts. Il est toujours intéres-

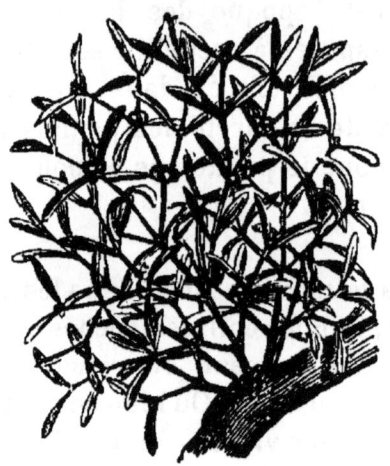

Fig. 44. — Gui, parasite sur une branche de pommier.

sant de noter les végétaux sur lesquels croît cette plante. Les pommiers, les peupliers sont les plus communs; on la rencontre aussi sur l'aubépine et le cornouiller. En cherchant bien, vous la découvrirez peut-être sur les chênes où elle est très rare, mais rapporter le gui adhérent à une branche de pin serait une véritable trouvaille. Ne jamais oublier de conserver, avec la touffe récoltée, la branche dont elle se nourrit (fig. 44).

c) *Avril*. — On trouve en avril, dans les bois, les Anémones, les Stellaires ; dans les prés, les Pissenlits, les Pâquerettes, les Cardamines, les Consoudes ; dans les champs, les Véroniques et les Fumeterres ; le long des chemins et dans les haies, les Lamiers, les Géraniums, les Renoncules, les Bugles. Les arbustes d'ornement, Mahonia, Cytise, Épine-vinette, Marronnier, Acacia, s'épanouissent tour à tour dans les jardins.

d) *Mai.* — *Orchidées.* — Mai est l'époque la plus convenable pour visiter les prairies, alors que les herbes ne sont pas encore très hautes. On pourra surtout y recueillir des Lychnis, des Orobes, des Gesses, et aussi des Consoudes et des Rhinanthes, des Joncs et des Carex en abondance. Les Ombellifères et les Graminées y commencent à fleurir. Les murs, les collines sèches fourniront nombre d'Alsines, de Sablines, de Céraistes et autres Caryophyllées.

Le printemps est aussi le moment de la floraison des Orchidées, que les jeunes botanistes recherchent toujours avec ardeur à cause de leurs fleurs si bizarres et si variées.

La fleur des Orchidées porte un périanthe à six divisions très irrégulières ; l'une d'elles, le labelle, affecte les formes les plus bizarres ; nos Orchidées indigènes, toutes de pleine terre, bien que moins curieuses que les Orchidées épiphytes des contrées équatoriales (Orchis papillon, par exemple), portent des noms tirés de la forme du labelle, qui sont très significatifs (fig. 45 à 60) : mouche, araignée, frelon, abeille, homme pendu, singe, sabot de Vénus. On a justement appelé les Orchidées les singes du règne végétal. On peut facilement en recueillir dans toutes les régions, tant au printemps qu'en été, une vingtaine d'espèces réparties le long des chemins, dans les prés, dans les bois et sur les collines sèches et calcaires.

e) *Espèces ornementales à récolter.* — Voici l'indication

## Orchidées.

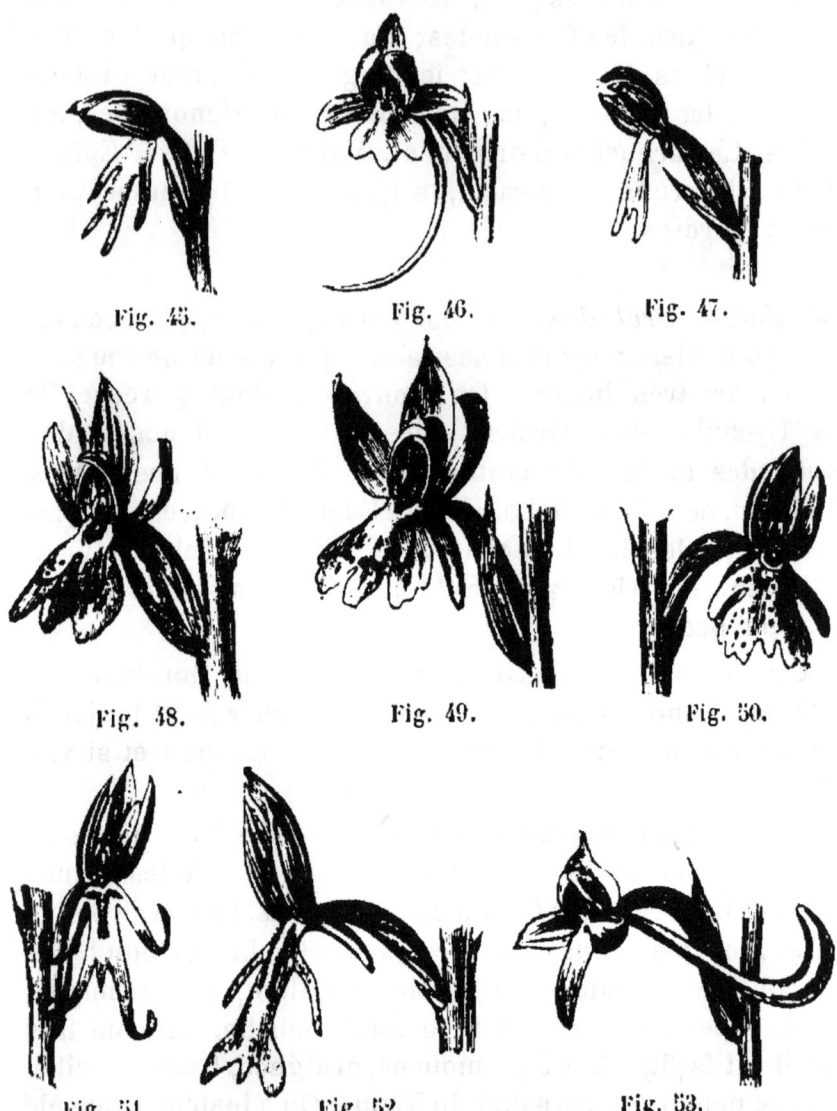

Fig. 45.
Fig. 46.
Fig. 47.
Fig. 48.
Fig. 49.
Fig. 50.
Fig. 51.
Fig. 52.
Fig. 53.

Fig. 45. — Labelle de l'Aceras homme-pendu (*A. anthropophora* R. Br.)
— 46. — Orchis moucheron (*O. conopsea* L).
— 47. — Orchis vert (*O. viridis* All.).
— 48. — Orchis à larges feuilles (*O. latifolia* L).
— 49. — Orchis tacheté (*O. maculata* L).
— 50. — Orchis pourpre (*O. purpurea* Huds.).
— 51. — Orchis singe (*O. Simia* Lam.).
— 52. — Orchis militaire (*O. militaris* L).
— 53. — Orchis des montagnes (*O. montana* Schm.) Sm.)

Fig. 54.  Fig. 55.

Fig. 56.  Fig. 57.  Fig. 58.

Fig. 59.  Fig. 60.  Fig. 61.  Fig. 62.

Fig. 54. — Orchis à deux feuilles (*O. bifolia* L).
— 55. — Orchis pyramidal (*O. pyramidalis* L).
— 56. — Orchis mâle (*O. mascula* L).
— 57. — Orchis brûlé (*O. ustulata* L)
— 58. — Ophrys frelon (*Ophrys. arachnites* Hoffm.)
— 59 et 60. — Ophrys araignée (*Ophrys. aranifera* Huds.).
— 61. — Ophrys mouche (*Ophrys. muscifera* Huds.).
— 62. — Ophrys abeille (*Ophrys. apifera* Huds.).

des principales plantes d'ornement dont la floraison est printanière :

*Delphinium Ajacis* L, Pied d'alouette ;
*Pæonia officinalis* Retz., Pivoine ;
*Mahonia aquifolium* Nutt., Mahonia ;
*Matthiola incana* R. Br., Giroflée ;
*Alyssum saxatile* L, Corbeille d'or ;
*Cochlearia Armoracia* L, Raifort ;
*Lunaria biennis* Mœnch., Monnaie ;
*Iberis semperflorens* L, Corbeille d'argent ;
*Hesperis matronalis* L, Julienne ;
*Saxifraga Aizoon* Jacq, Saxifrage ;
*Viburnum Tinus* T, Laurier-Tin ;
*Symphoricarpus racemosus* Mich., Symphorine ;
*Lonicera Caprifolium* L, Chèvrefeuille ;
*Lonicera Tatarica* L, Chamécerisier ;
*Vinca major* L, Grande Pervenche ;
*Rosmarinus officinalis* L, Romarin ;
*Laurus nobilis* L, Laurier ;
*Cydonia Japonica* Pers., Cognassier du Japon, etc., etc.

## 3. — **Été** (*juin, juillet, août*).

Pendant les herborisations d'été, les récoltes seront la suite de celles du printemps et à peu près de même nature. Le nombre des espèces en floraison continue d'augmenter pour atteindre son maximum en juin.

a) *Principales familles à floraison estivale*. — Certaines familles sont particulièrement développées à cette époque ; ce sont :

1° Les Bruyères, qui ornent les landes et les bois ; quatre espèces se rencontrent à peu près partout : *Erica scoparia, cinerea, Tetralix* et *Calluna vulgaris* (fig. 63 à 68).

2° Les Ombellifères ; la Carotte sauvage, le long des chemins et dans les moissons; le Peigne de Vénus, dans les moissons; le Chardon roulant, au bord des routes; le Cer-

Fig. 63. — *Calluna vulgaris.* Fig. 64. — *Erica vagans.* Fig. 65. — *E. cinerea.*

feuil, le Persil, l'Astrantia, dans les jardins; les Œnanthes et les Peucédans dans les prés et les lieux humides.

3° Les Composées, dont les représentants sont nombreux

 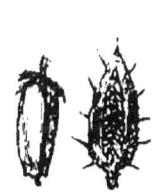 

Fig. 66. — *E. scoparia.* Fig. 67. — *E. tetralix.* Fig. 68. — *E. ciliaris.*

en juin et juillet. Citons les genres les plus communs qu'il est facile de récolter partout : Seneçon, Erigeron, Aunée, Chrysanthème, Achillée, Camomille, Chardon, Cirse, Centaurée, Crépide, Épervière, Salsifis, Chicorée, etc., etc.;

4° Les Graminées, dont la plupart sont en fleurs en été, dans les prés et dans les bois.

Nous ne citons que les familles dont la floraison est nettement estivale ; mais, comme nous l'avons fait remarquer, le nombre des espèces fleuries augmente dans la plupart des familles. Il en est ainsi surtout des Labiées, des Scrophulariées, des Primulacées, des Légumineuses et des Orchidées.

A partir de juillet, les collines sèches commencent à donner des récoltes moins abondantes ; le maigre tapis de verdure qui les recouvrait disparaît brûlé par les rayons du soleil, — de sorte que ces stations deviennent pauvres, de riches qu'elles étaient en mai et en juin.

b) *Plantes des eaux.* — En juillet, au contraire, les

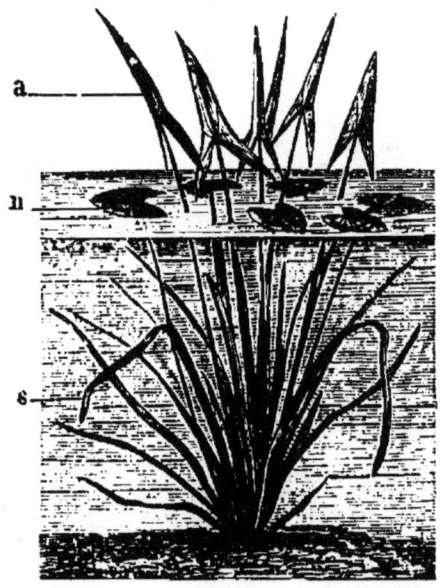

Fig. 69. — Pied de Sagittaire montrant les feuilles aériennes (a) les feuilles nageantes (n) et les feuilles submergées (s).

eaux ont revêtu toute leur parure. On trouve, sur les rives, les Lysimaques, les Salicaires, les Pigamons, les Épilobes, les Véroniques, les Myosotis, les Rumex ; il y a aussi de belles espèces nageantes ou submergées dans les eaux des ruisseaux et des étangs : les Butomes, les Alisma, les Renoncules à fleurs blanches, les Hottonies, les Sagittaires (fig. 66), les Nénuphars émergent en juin et en juillet; les Callitriches, les Potamots, les Zannichellies, les Myriophylles, les Cératophylles, les Charaignes forment, au fond des eaux, une flore aussi curieuse que variée.

c) *Espèces ornementales à récolter*. — Nous complétons ces données par l'indication des espèces d'ornement à floraison estivale les plus répandues :

*Astrantia major* L, Radiaire ;
*Convolvulus tricolor* L, Belle-de-Jour ;
*Ipomea purpurea* Lam., Volubilis ;
*Salvia officinalis* L, Sauge ;
*Anthemis nobilis* L, Camomille ;
*Aconitum Napellus* L, Aconit ;
*Clematis ammula* L, Clématite odorante ;
*Papaver somniferum* L, Pavot ;
*Dianthus moschatus* Hort.-Par., Œillet mignardise ;
*Dianthus caryophyllus* L, Œillet des fleuristes ;
*Dianthus barbatus* L, Œillet des poètes ;
*Saponaria officinalis* L, Saponaire ;
*Althæa officinalis* L, Guimauve ;
*Hypericum calycinum* L, Millepertuis à grandes fleurs
*Ampelopsis hederacea* D. C., Vigne-vierge ;
*Tropeolum majus* L, Capucine ;
*Impatiens Balsamina* L, Balsamine ;
*Ruta graveolens* L, Rue
*Galega officinalis* L, Galéga ;
*Lathyrus odoratus* L, Pois de senteur ;
*Cucumis Colocynthis* L, Coloquinte ;
*Angelica Archangelica* L, Angélique ;
*Artemisia Abrotanum* L, Citronnelle, Aurone ;
*Helianthus annuus* L, Soleil ;
*Lavandula Spica* L, Lavande ;
*Mentha piperita* L, Menthe poivrée ;

*Colutea arborescens* L, Baguenaudier ;
*Philadelphus coronarius* L, Seringa ;
*Tilia argentea* Desf., Tilleul argenté ;
*Rhus cotinus* L, Fustet ;
Etc., etc.

### 4. Automne (*septembre, octobre, novembre*).

A partir d'août, le nombre des espèces en floraison est très restreint, de sorte que les récoltes de Phanérogames diminuent peu à peu jusqu'à ce qu'elles soient à peu près nulles en hiver, comme nous l'avons indiqué.

On trouvera en automne un petit nombre de plantes caractéristiques de cette saison, puis des plantes estivales et même printanières dont la floraison a été retardée, ou pour lesquelles des conditions convenables de température ou d'humidité ont déterminé une seconde floraison. Ce dernier phénomène est toujours curieux à observer.

En septembre s'épanouissent un grand nombre de composées : des Centaurées, des Cirses, des Chardons, des Gnaphales, des Érigerons, des Verges d'or, des Épervières, etc. ; des Graminées, *Arundo*, *Phragmites*, fleurissent spécialement en automne :

*Hedera Helix* L, Lierre ;
*Parnassia palustris* L, Gazon du Parnasse ;
*Colchicum autumnale* L, Colchique d'automne ;
*Spiranthes autumnalis* Rich., Spiranthe d'automne.

Voici d'autres plantes qui ne sont pas autumnales proprement dites, mais que l'on rencontre en fleurs en cette saison :

*Dianthus prolifer* L, Œillet prolifère ;
*Setaria viridis* P. B., Sétaire verte ;
*Calamintha Clinopodium* Benth., Calament clinopode
*Specularia Speculum* Alph. D. C., Miroir de Vénus ;

*Euphorbia exigua* L , Euphorbe exigu ;
*Iberis amara* L, Ibéris amer ;
*Papaver Rhæas* L, Coquelicot ;
*Anagallis phœnicea* Lam., Mouron rouge ;
*Veronica agrestis* L, Véronique agreste ;
*Linaria spuria* D C, Linaire bâtarde ;
*Fumaria officinalis* L, Fumeterre ;
*Polygonum aviculare* L, Renouée ;
*Stachys arvensis* L, Épiaire des champs ;
*Chrysanthemum segetum* L., Chrysanthème des moissons ;
*Centaurea Jacea* L, Centaurée jacée ;
*Brunella vulgaris* Mœnch, Brunelle vulgaire ;
*Calamintha Acinos* Benth., Calament ;
*Scabiosa succisa* L, Scabieuse succise ;
*Hieracium silvaticum* Lam., Épervière des bois ;
*Antirrhinum Orontium* L, Muflier tête de mort ;
*Chlora perfoliata* L, Chlore perfolié ;
*Euphrasia officinalis* L, Euphraise officinale ;
*Odontites rubra* Pers., Odontites rouge ;
*Ranunculus repens* L, Renoncule rampante ;
*Erodium cicutarium* L'Hér., Erodium à feuilles de ciguë ;
*Erythræa Centaurium* Pers., Petite Centaurée ;
*Passerina annua* Wickstr., Passerine ;
Etc., etc.

On profitera des herborisations d'automne pour recueillir un grand nombre de fruits qui mûrissent en cette saison : fruits des Cornouillers, des Chèvrefeuilles, du Sureau, du Troëne, du Laurier, des Rosiers, et surtout ceux des arbres de la famille des Amentacées : glands, noix, noisettes, faînes, châtaignes, etc.

# IV

## TRAVAUX A FAIRE

Nous voudrions terminer ce Guide élémentaire par l'indication des travaux que peut faire un botaniste, même en débutant. Comme nous l'avons dit plus haut, l'étudiant le plus modeste peut, lorsqu'il est sincère dans ses observations, rendre service à la science pure.

**1. Étude de la flore locale.** — Revenons pour quelques instants encore à notre herbier.

On peut, quelque région que l'on habite, réunir assez facilement, dans un faible rayon, un millier d'espèces, parmi lesquelles se placent deux ou trois cents espèces cultivées — alimentaires, fourragères, industrielles ou ornementales, — aussi intéressantes à étudier que les plantes spontanées. Il y a, en effet, cinq ou six cents espèces qui sont communes à peu près partout, et que l'on récoltera en deux ou trois années au plus ; quant aux autres, plus ou moins rares, il ne faut pas compter les trouver toutes, mais on peut espérer en découvrir quelques-unes de temps en temps.

La confection de l'herbier sera un excellent moyen d'étudier tout spécialement la flore locale. Pour connaître à fond la flore d'une région, si restreinte soit-elle, il ne suffit pas d'en explorer les endroits les plus remarquables aux époques les mieux choisies. C'est ce qui nous explique que certaines localités, réputées pauvres parce qu'elles n'avaient jamais été parcourues qu'à la hâte, deviennent relativement riches dès qu'un botaniste sérieux s'est mis à en scruter les coins et recoins. Vous pouvez donc, de ce côté, faire progresser la science en déterminant d'une manière précise la flore de votre pays. Le voisinage des grandes villes est habituellement bien exploré, mais combien de points ignorés, intéressants à visiter pour le botaniste, et dont la flore est encore inconnue ! La flore française est une des plus riches et des mieux étudiées : elle atteindra une perfection d'autant plus grande que le nombre des travailleurs et des chercheurs sera plus considérable.

a) *Comment on herborise.* — Pour concourir à ce but, le botaniste parcourt dans tous les sens la localité à explorer ; il profite de toutes les occasons, note toutes les particularités, et, surtout, se hâte lentement. Ce n'est pas en longeant les chemins et les sentiers battus ni en parcourant rapidement de grandes distances qu'on fait des récoltes fructueuses. De même que le vrai touriste ne traverse pas en express la contrée où il cherche des impressions, de même qu'il recherche avec prédilection les endroits curieux, inexplorés, où il espère trouver du nouveau, de même le botaniste va lentement, aime à visiter les endroits déserts et dédaignés du vulgaire ; il ne craint pas de pénétrer dans les fourrés, de s'enfoncer dans les fossés, dans les marais, et c'est ainsi qu'il acquiert bientôt, s'il ne l'a d'instinct, cette espèce de flair qui fait que les hommes spéciaux font des découvertes intéressantes où tant d'autres étaient passés sans rien apercevoir. Heureux le débutant qui trouvera un compagnon d'excursion pour lui apprendre les petits secrets de l'art de chercher avec fruit ! car toutes les instructions et les conseils ne remplaceront jamais l'initiation d'un bon maître. En tout cas, si vous n'avez pas de mentor, choisissez pour vos sorties un compagnon animé des mêmes goûts, ne serait-ce que pour jouir de l'agrément de sa conversation et pour éviter l'ennui qui vous prend quelquefois quand les récoltes ne sont pas fructueuses.

b) *Points importants.* — On s'attachera donc à bien définir la flore locale. On recueillera précieusement tous les documents relatifs à l'histoire des plantes : époque de l'apparition des feuilles, des fleurs et des fruits ; durée de la végétation ; habitat précis des espèces, nature des terrains sur lesquels elles se plaisent ; variations que l'altitude fait subir à la flore dans le nombre ou dans la forme des espèces.

c) *Florule adventice.* — Un point important que rous recommanderons spécialement aux explorateurs et qui, selon nous, est trop souvent négligé, c'est l'étude des plantes importées dans la région par diverses causes, et qui s'y sont naturalisées. Malgré le soin que l'on prend pour les nettoyer, les graines des céréales ou des plantes fourragères achetées à l'étranger ou dans une région éloignée contiennent des graines d'espèces qui se développent dans les moissons et les prairies artificielles, disparaissent après la première génération, ou se reproduisent indéfiniment et finissent par se naturaliser. De même, la construction des voies ferrées, l'importation de matières premières pour l'industrie, surtout pour l'industrie des tissus, d'autres causes naturelles, telles que les migrations des oiseaux, peuvent introduire un certain nombre de plantes nouvelles dans les localités que nous explorons. Il est intéressant de noter toutes ces apparitions, afin de composer une florule adventice de la région.

La population botanique flottante réserve aux botanistes des surprises auxquelles il est impossible de fixer un terme. En raison de leur peu de durée ordinaire sur des points plus ou moins éloignés de leur aire géographique, il est bon de signaler la présence des espèces accidentelles et de rechercher les causes auxquelles il est permis d'attribuer leur apparition. Il est parfois difficile de découvrir comment s'accomplit cette dispersion des espèces végétales, et le botaniste rencontre souvent dans cette étude de sérieux obstacles. Mais c'est là un travail fructueux, qui, en dehors du résultat immédiat, aide au développement de l'esprit en le familiarisant avec la recherche des rapports de la cause à l'effet.

d) *Disparitions d'espèces.* — Par contre, le développement des cultures tend à appauvrir la flore de toutes les provinces. Le soc de la charrue retourne les prairies des collines sèches, les transforme en champs cultivés et fait disparaître une flore intéressante et variée. Les marais, partout desséchés, deviennent des prairies fertiles, et, en même temps que se développent d'utiles graminées, s'en vont une multitude de plantes rares qui affectionnaient ces stations. Les disparitions d'espèces sont aussi intéressantes à noter que les importations.

e) *Noms vulgaires.* — Pour terminer ce qui a rapport à la flore locale, nous ajouterons qu'il est bon de recueillir tous les noms vulgaires usités dans le pays. Des savants pourront plus tard utiliser ces données dans des travaux spéciaux sur les rapports de la botanique et de la philologie. « En général, dit M. J. Camus, les philologues se soucient peu de la science qui dit le *Convallaria*, le *Fragaria*, et, de leur côté, les botanistes n'ont guère plus d'égard pour la philologie... Or, ces relations entre la botanique et la philologie sont déplorables, car en travaillant de concert sur les points qu'elles ont de commun, ces deux sciences obtiendraient bien des avantages qu'il serait désirable de pouvoir réaliser : l'une en arriverait à pouvoir retracer l'historique passablement embrouillé de sa nomenclature classique et de ses noms vulgaires ; l'autre acquerrait un riche fonds de nouveaux faits linguistiques qui servirait à combler de nombreuses lacunes persistant dans nos dictionnaires, malgré de gigantesques travaux lexicographiques dont la langue française a été l'objet... Les botanistes ont le devoir de faciliter ces recherches en recueillant les appellations conservées dans nos patois et en notant consciencieusement leurs significations pour les diverses régions de la France. Toutefois, il faut savoir résister à la tentation des explications sans base historique et ne pas laisser courir la folle du logis après tant de séduisantes étymologies qui trompent d'autant plus qu'elles paraissent ingénieuses (1).

**2. Travaux divers.** — En dehors des études sur la flore locale, qui sont les corollaires de la formation d'un herbier, le jeune botaniste trouve l'occasion de faire nombre d'observations intéressantes. Il serait à désirer qu'il eût toujours un sujet de recherches pour stimuler son activité. Citons quelques exemples.

a) *Essences sur lesquelles on rencontre le Gui.* — Il est intéressant de noter toutes les essences de bois sur lesquelles croît le Gui; en recueillant les touffes et les branches ou au moins les fragments d'écorce qui y adhèrent, on formera une collection très curieuse et d'une certaine valeur.

b) *Collection de fruits.* — On pourra collectionner aussi, pour les conserver soit secs, soit dans l'alcool, suivant le cas, les principaux fruits indigènes. On rencontre rarement ces collections avec les herbiers ; c'est une raison de plus pour s'y attacher.

c) *Herbiers pratiques.* — L'élève-maître et l'instituteur trouveront dans les herborisations matière à petits herbiers pratiques pour musées scolaires. On pourra réunir dans un même paquet les plantes par catégories d'utilité ou de nocivité. On établira des groupes de plantes médicinales, vénéneuses, alimentaires, fourragères, mellifères; de celles qui sont nuisibles aux cultures, aux prairies; des espèces propres aux prairies naturelles et artificielles; de celles qui peuvent être mangées en salade, des succédanés du

---

(1) J. CAMUS. Botanique et philologie, *Feuille des jeunes naturalistes*, n°ˢ 170 et 171.

thé; des espèces tinctoriales, textiles ou oléagineuses; de celles dont le bois est estimé pour le chauffage, la charpente ou la menuiserie.

d) *Etude des transformation d'organes et des monstruosités.* — On sait que la fleur est formée de feuilles mo-

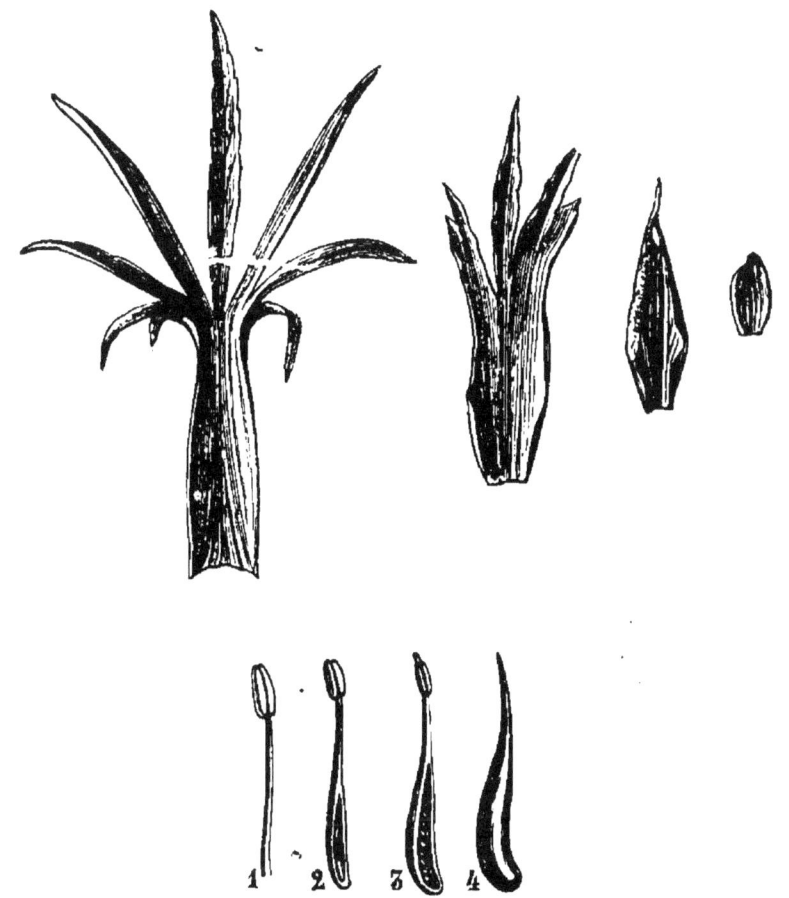

Fig. 70 à 77. — Hellébore. Passage : 1° de la feuille au sépale; 2° de l'étamine au carpelle.

difiées : on observera le passage de la feuille au sépale chez l'Hellébore, de l'étamine au carpelle chez la même plante (fig. 70 à 77), du sépale au pétale et du pétale à l'étamine chez le nénuphar (fig. 77 à 83).

On recueillera les formes anomales, les monstruosités. Ces formes sont souvent très propres à faire la lumière sur les affinités des végétaux entre eux ou entre les organes d'un même végétal. Voici quelques cas sur lesquels nous attirons particulièrement l'attention : la *péloric*, qui con-

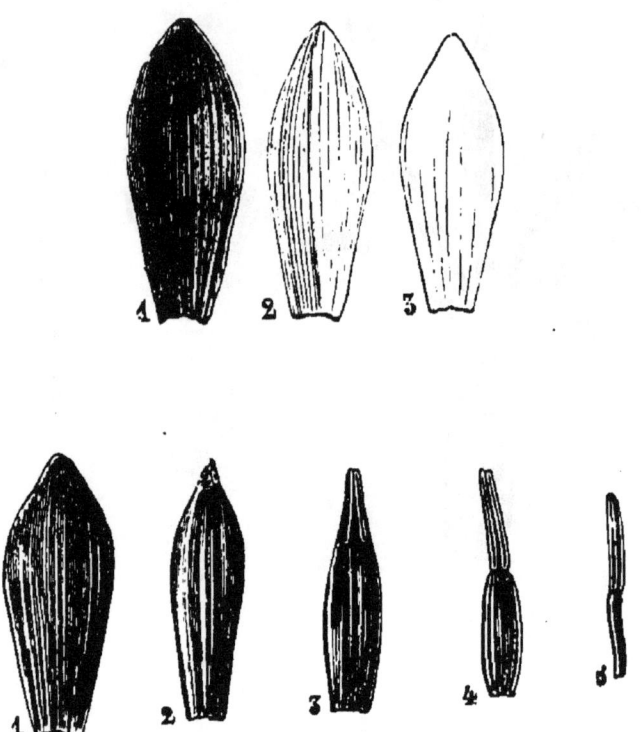

Fig. 78 à 85. — Nénuphar. Passage du sépale au pétale et du pétale à l'étamine.

siste dans le fait d'une fleur irrégulière qui prend une forme régulière (on trouve en automne, dans les champs, après la moisson, la péloric du *Linaria elatine*); la *fasciation*, ou aplatissement de la tige et des rameaux ; la *multiplication accidentelle* ou l'*avortement* des parties de la fleur ; les *métamorphoses* d'un organe en un autre, par exemple d'un pétale en sépale, des parties de la fleur en feuilles (chloranthie), des étamines en pétales, et réciproquement ; l'*albinisme* ou décoloration de la fleur, qui affecte souvent les fleurs bleues ou rouges (série cyanique); disparition des poils chez les plantes habituellement velues, ou *glabrisme*; apparition ou production exagérée des poils chez les plantes habituellement glabres ou peu velues, *pilosisme* ; etc., etc.

L'examen attentif des déformations des plantes peut être le point de départ de progrès horticoles. Les insectes nous donnent à ce sujet des indications dont on peut tirer parti. « Ce petit être, dit un excellent observateur, M. Noury, en parlant du charançon coupe-bois, m'a donné une leçon qui intéressera aussi mes lecteurs (1). Au printemps, il incise vers son extrémité le rameau terminal des jeunes

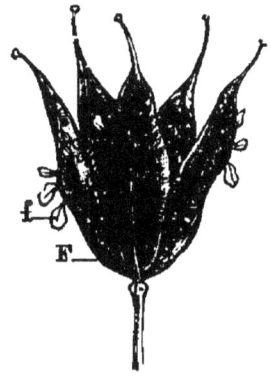

Fig. 86. — Pistil anormal d'Ancolie à carpelles transformés en feuilles F, portant sur leur bord les ovules transformés en folioles *f*.

branches. La sève montant abondamment à cette époque détermine autour de la section la production d'une couronne de bourgeons. Dès lors, il devient facile de disposer les branches en éventail : il suffit d'extirper tous les bourgeons, sauf trois : aussitôt qu'ils se développent, on appli-

---

(1) NOURY. *Auxiliaires et ennemis de l'agriculture en Normandie*, Elbeuf, 1879.

que leurs pousses contre le mur de l'espalier, l'une verticalement, les deux autres horizontalement et en sens contraires. L'année suivante, on répète sur le rameau axial la même opération, et de cette façon, on obtient, au bout de quelque temps, un arbre dont toutes les branches sont parallèles et situées dans le même plan que la tige. »

La matière des observations à faire est immense, et il n'y a pas à craindre de l'épuiser ; plus on travaille, plus on s'aperçoit de l'étendue de la science. Comme l'a dit un poète :

La moisson de nos champs lassera nos faucilles.

Ce qui nous manque, ajoute un autre auteur, c'est l'ardeur, l'entrain, le diable au corps, qui font qu'on poursuit un but sans relâche. Nous voudrions communiquer aux jeunes gens un peu de ce diable au corps pour les recherches scientifiques, leur montrer qu'il suffit de le vouloir pour s'attacher à une famille, à un groupe, à un genre même pour en préciser les limites, les caractères, les variations ; à une localité pour en connaître la flore avec toutes ses variations et ses raisons d'être ; à l'observation des faits, des propriétés, pour en déterminer les circonstances, les conséquences. Un seul fait bien étudié, bien compris, bien expliqué est un joyau pour la science, une pierre indestructible pour l'édifice de nos connaissances.

**3. Conclusion.** — Peu importe le genre de travaux auxquels on se livre, le principal est de s'habituer et d'habituer les enfants à observer, à chercher, à discuter. Nous emprunterons le développement de cette conclusion à la *Revue scientifique*[1]. « Un professeur américain, M. Ballard, se rappelant le plaisir qu'il avait eu dans son enfance à ramasser et à collectionner des coquilles, des œufs, des graines, etc., pensa qu'il y aurait avantage à intéresser ses élèves aux choses de la nature et leur proposa de consti-

---

(1) *Revue scientifique*, numéro du 12 mars 1887.

tuer une petite société. Le projet fut acclamé, et une moitié des élèves s'enrôla de suite. Cette société fonctionnait d'une façon très simple. Un élève, par exemple, était chargé des observations thermométriques et météorologiques ; il s'en acquittait à peu près de la façon suivante : lundi, agréable ; mardi, pluie ; mercredi, nuageux ; jeudi, chaud ; vendredi, agréable ; samedi, pluie, etc. Un autre se mit à collectionner des bourgeons de vingt ou trente arbres différents et en tira des conclusions relativement à l'époque de la formation des feuilles. Une expédition fut faite pour étudier des coupes d'arbres abattus, pour voir si le cœur est toujours au milieu de l'arbre ; l'on vit qu'il est toujours plus rapproché du côté le plus opposé au vent : comme le disait un paysan, « le vent chasse toujours le bois loin du cœur ». La petite société continua à s'occuper ainsi pendant quelque temps. Les initiés la firent connaître, et, à une réunion générale de professeurs, leur président, le maître d'école, en parla à ses collègues, en leur montrant les collections déjà faites. Ceux-ci furent favorables à l'idée, et la société envoya des circulaires invitant les personnes disposées à l'imiter à faire parvenir leur adhésion et les engageant à former des sociétés analogues, en même temps qu'à grouper toutes les sociétés sous un nom commun, dans une même association. Le patronage d'Agassiz fut demandé et obtenu, et l'*Association Agassiz* est actuellement une réunion de 986 sociétés locales ou chapitres qui ont organisé des recherches, des excursions, des cours élémentaires, des leçons en commun, etc. L'avantage de ces sociétés est d'intéresser les enfants à ce qui les entoure, à les habituer à observer, analyser, parler, écrire, discuter. Beaucoup de leurs membres ont été à tel point séduits par ces études qu'ils les poursuivent maintenant dans les universités et laboratoires. Presque tous les chapitres font des recherches et des leçons en commun ; ils ont aussi des professeurs bénévoles qui les initient aux éléments des sciences naturelles, et leur expliquent les livres qu'ils ont entre les mains. Chaque chapitre envoie un rapport annuel sur le travail qu'il a exécuté. Les rapports sont parfois amusants, et ils témoignent d'un vif enthousiasme. Un petit garçon de quatorze ans écrit que, s'intéressant aux oiseaux depuis l'âge de six ans, il est en mesure d'écrire une histoire des quarante espèces communes dans sa localité. Un autre sociétaire écrit que le chapitre s'est surtout occupé de tremblements de terre et de chenilles. Tous les chapitres font preuve de zèle et d'ardeur, et c'est chose très intéressante que de voir se développer à un si vif degré un goût aussi pur et aussi sain que celui des sciences naturelles.

« Habituer les enfants à observer, analyser, chercher, discuter, c'est bien les préparer à la lutte de la vie, c'est les habituer à penser par eux-mêmes, à garder leur originalité et leur indépendance ; c'est aussi développer le sentiment de leur personnalité et des ressources dont ils disposent. »

# V

## APPENDICE

**§ 1er.** — *Prix des principaux objets nécessaires pour la préparation des plantes en herbier (1).*

| | |
|---|---|
| Boîte à botanique, avec compartiment, long. 50 centimètres | 6 fr. 50 |
| Boîte à botanique, sans compartiment, long. 50 centimètres | 5 fr. 50 |
| Piochon Deyrolle | 9 fr. » |
| Poignard bordelais | 12 fr. » |
| Loupes simples .................... 2 à | 5 fr. » |
| Loupes à 2 verres ................. 3 à | 8 fr. » |
| Une rame de papier bulle 50×32 pour herbier.......................... 15 à | 20 fr. » |
| Une rame de papier non collé pour dessécher les plantes | 7 fr. » |
| Une presse à dessiccation en fil de fer... | 9 fr. » |
| Un carton 50×32, dos de 10 à 12 centimètres ........................... 3 à | 4 fr. » |
| Etiquettes, le mille, suivant les indications et la grandeur................. 2 à | 10 fr. » |

---

(1) On trouve toutes les fournitures relatives aux collections à la maison Deyrolle, 46, rue du Bac, à Paris.

§ 2. — *Indication des principales Flores et Catalogues des diverses régions de la France.*

Nota. — Nous avons fait suivre le titre de l'ouvrage du nom de l'éditeur, de la date de la dernière édition et du prix, lorsque nous avons pu nous procurer ces renseignements. Les départements ou régions sont rangés par ordre alphabétique.

On peut se procurer les ouvrages dont les prix sont marqués dans les grandes librairies scientifiques de Paris : Paul Dupont, 24, rue du Bouloi ; Paul Klincksieck, 52, rue des Écoles ; J. Lechevalier, 23, rue Racine ; G. Masson, 120, boulevard Saint-Germain ; Asselin et Houzeau, place de l'Ecole-de-Médecine ; Alcan, 108, boulevard Saint-Germain ; O. Doin, 8, place de l'Odéon ; Delahaye et Lecrosnier, 23, place de l'Ecole-de-Médecine ; J. B. Baillière, 19, rue Hautefeuille ; Savy, 77, boulevard Saint-Germain ; soit directement, soit par l'intermédiaire des libraires de province. Les autres ouvrages présentent surtout un intérêt historique ou sont extraits de recueils scientifiques, et ne sont généralement pas dans le commerce ; on ne pourra se les procurer qu'en s'adressant à l'auteur dans certains cas, ou en les achetant de gré à gré aux amateurs qui les détiennent.

### Ain.

D$^r$ Magnin, *Statistique botanique du département de l'Ain*, 1$^{re}$ partie : Géographie botanique. Bourg, *Progrès de l'Ain*, 1883.

J. P. Fray, *Liste des plantes phanérogames et cryptogames semi-vasculaires du département de l'Ain*. 1878. Bourg. Impr. Villefranche.

### Aisne.

Brayer, *Flore de l'Aisne*, 27 vol. manuscrits et 3,000 pl.

coloriées à la main. (A consulter à l'Institution Saint-Charles, à Chauny; signalé par la *Feuille des jeunes naturalistes*, 1823 à 1828.)

G. Bonnier et G. de Layens, *Flore du nord de la France*. (Voyez Nord.)

Ch. Magnier, *Catalogue des plantes intéressantes des marais de la Somme de Saint-Quentin*, Auch. Rev. bot. 1884.

## Allier.

Migout, *Flore de l'Allier*. Moulins. 1867.

Ernest Olivier, *Flore populaire de l'Allier*. Noms vulgaires et patois des plantes. Moulins. 1886.

Pérard. *Catalogue raisonné des plantes de l'arrondissement de Montluçon*. Montluçon, 1871. 7 fr. 50.

Jourdan, *Flore de Vichy*, 1872. 3 fr. 50.

Berthoumieu et Bourguignat, *Matériaux pour la flore de l'Allier. Plantes nouvelles et localités d'espèces non encore signalées dans l'arrondissement de Gannat*. 1883.

Pérard, *Flore du Bourbonnais*, Montluçon. Moulin, 1885.

Du Buysson, *Flore des marais salés de l'Allier*. Moulins, 1885.

## Alpes (Voir Savoie).

Payot, *Florule du Mont-Blanc; Phanérogames*. Genève, Sandoz; 1884. *Cryptogames*. Genève; Tremblay, 1884.

Ferroud, *Série d'herborisations dans les Alpes françaises*. Lyon, Imp. Riotor.

## Alpes-Maritimes.

Barla, *Iconographie des Orchidées.* Paris, Baillière, 1868. 80 francs.

Ardoino, *Flore analytique des Alpes-Maritimes,* Paris, Baillère, 1879. 8 francs.

Burnat et Gremli, *Les Roses* (1879, 4 francs; supp. 1883, 3 francs), *les Hieracium* (1883, 4 francs), *les Festuca* (1882, 1 franc), *des Alpes-Maritimes.* Lyon, Georg.

D$^r$ Perroud, *Coup d'œil sur la flore d'Antibes et des environs Bull.* Soc. bot. de Lyon. 1883.

## Ardèche (Voir Rhone).

Saint-Lager, *Excursions botaniques dans l'Ardèche.* Ann. Soc. bot. de Lyon. 1883.

## Ardennes (Voir Nord).

## Ariège (Voir Pyrénées).

Bourdette, *Addition à la flore de l'Ariège.* Toulouse, 1888.

P. Lazerges, *Catalogue des plantes récoltées dans le département de l'Ariège.* In-8°, Toulouse, Imp. Douladoure. Bull. Soc. des sc. phy. et nat. de Toulouse.

## Aube.

Desétangs, *Liste des noms populaires des plantes de l'Aube.* 1845.

Bourguignat, *Catalogue raisonné des plantes vasculaires du département de l'Aube.* 1856.

Aubriot, *Catalogue des plantes qui croissent naturellement dans le département de l'Aube.*

Briard, *Catalogue des plantes de l'Aube.* Troyes, Dufour-Bouquot, 1880-1881.

Hariot, *Flore de Pont-sur-Seine.* Troyes, Imp. Dufour-Bouquot. *In mém. de la Soc. ac. de l'Aube.* 1879.

### Aveyron.

Bras, *Catalogue des plantes vasculaires de l'Aveyron.* Paris, Baillière. 1877. 7 francs.

### Belfort.

Parisot, *Notice sur la flore des environs de Belfort.*

### Bretagne.

A. Liégeard, *Flore de Bretagne.* Paris, Savy, 1879. 5 francs.

### Bouches-du-Rhône.

L. Castagne, *Catalogue des plantes spontanées des Bouches-du-Rhône,* publié par A. Derbès ; 1862. 4 francs.

Fontvert et Achaintre, *Catalogue des plantes vasculaires des environs d'Aix.* 1871.

Bouisson, *Synopsis analytique des plantes vasculaires des Bouches-du-Rhône.* Paris, Baillière, 1878 8 francs.

Honoré Roux, *Catalogue des plantes de Provence spontanées ou généralement cultivées.* 1<sup>re</sup> et 2<sup>e</sup> fascicules jusqu'aux Caliciflores. Marseille. 1884.

## Calvados (Voir Normandie).

Hardouin, Renou et Leclerc, *Catalogue des plantes vasculaires qui croissent spontanément dans le département du Calvados.* Caen, A. Hardel, 1849. 3 fr. 50.

## Cantal (Voir Plateau central).

*Flore d'Auvergne* (Voir Plateau central).

## Centre.

Boreau, *Flore du centre.* Paris, Roret ; 1857. 2 vol.

## Charente.

De Rochebrune et Savatier, *Catalogue raisonné des plantes phanérogames qui croissent spontanément dans le département de la Charente.* Paris, 1861. 5 francs.

## Charente-Inférieure.

Lemarié, *Plantes marines de la Charente-Inférieure.* Atlas de 27 plantes en nature.

Faye, *Catalogue des plantes vasculaires du département de la Charente-Inférieure.*

Lesson, *Flore rochefortine.* 1835.

Bruneaud, *Liste des plantes phanérogames et cryptogames*

*croissant spontanément à Saintes et dans les environs;* avec supplément. Bordeaux, Durand.

David, Foucaud et Vincent, *Catalogue des plantes vasculaires qui croissent spontanément dans le département de la Charente-Inférieure pour servir à l'étude de la géographie botanique.* La Rochelle, Siret. 2 francs.

### Cher (Voir Centre).

Legrand, *Plantes nouvelles ou rares* (plusieurs fascicules). *Compte rendu des herborisations aux environs de Bourges.* Bourges. 1886-1887.

### Corrèze.

Rapin, *Catalogue des plantes vasculaires de la Corrèze.* Brive, Marcel. 1884.

### Côte-d'Or.

Lorey et Duret. *Flore de la Côte-d'Or.* 1831.

Ch. Royer, *Flore de la Côte-d'Or avec détermination par les parties souterraines.* Paris, Savy, 1883-1884. 2 vol. 12 francs.

Durande, *Flore de Bourgogne.* Dijon, 1882. 2 vol. 8 francs.

H. Lachot, *Flore de l'arrondissement de Semur.* 1<sup>re</sup> partie. Semur, Lenoir. 2<sup>e</sup> partie. 1886.

### Côtes-du-Nord (Voir Bretagne).

### Creuse.

De Cessac, *Catalogue des plantes vasculaires de la Creuse.* 1862. Un supplément a paru depuis.

## Dauphiné.

Villars, *Histoire des plantes du Dauphiné*. 1785-1799.

Mutel, *Flore du Dauphiné*. Grenoble. 1830. 2 vol., 15 francs.

J. B. Verlot, *Catalogue raisonné des plantes vasculaires du Dauphiné.* Grenoble, 1872. 12 francs.

J. B. Verlot, *Les Herborisations des environs de Grenoble*. Paris, Baillière. 1 fr. 50.

P. Tillet, *Florule d'Uriage*. 1883.

Ravaud, *Guide du botaniste dans le Dauphiné : Excursions bryologiques et lichénologiques suivies pour chacune d'herborisations phanérogamiques*. Chaque excursion forme une brochure séparée. Grenoble, Drevet.

## Dordogne.

Desmoulins, *Catalogue des phanérogames de la Dordogne*. 1859. 6 francs.

### Doubs (Voir Jura).

Contejean, *Plantes vasculaires des environs de Montbéliard* ; Besançon, 1854.

### Drôme (Voir Dauphiné).

### Eure (Voir Normandie).

A. Duquesne, *Petit catalogue des plantes phanérogames et cryptogames semi-vasculaires observées autour de Pont-*

Audemer, dans un rayon de 14 kilomètres. In Bull. de la Société des Amis des sciences naturelles de Rouen. 1884. 1.

C. G. Chesnon, *Statistique du département de l'Eure. Botanique*. Broch. in-4° de 60 pages.

Lepage, *Catalogue des plantes médicinales du département de l'Eure.*

Niel, *Catalogue des plantes rares découvertes dans l'arrondissement de Bernay*. Caen. 1884.

### Finistère (Voir Bretagne)

### Gard.

Lambertye, *Synopsis analytique de la flore du Gard.* 1847.

De Pouzolz, *Flore du département du Gard.* Nîmes, 1862. 2 vol., 16 francs.

Martin, *Indication de quelques plantes non mentionnées dans la Flore du Gard.* 1883.

### Garonne (Haute-) (Voir Tarn et Pyrénées).

Tournon, *Flore de Toulouse.* 1811.

Serres, *Flore abrégée de Toulouse.* 1836.

E.-T. Arrondeau, *Flore toulousaine.* 1855.

Rouguemère, *Statistique botanique du département de la Haute-Garonne.* Paris, 1876. 3 francs.

Noulet, *Flore analytique de Toulouse et des environs.* 1884. 3 fr. 50.

## Gers.

Dupuy, *Florule du département du Gers, du Lot-et-Garonne, Tarn-et-Garonne et Haute-Garonne.* 1847.

Lucante, *Etude sur la flore du département du Gers.* 1883.

## Gironde (Voir Ouest).

Laterrade, *Flore bordelaise de la Gironde.* 1846.

Dr Guillaud, *Flore de Bordeaux et du Sud-Ouest.* 1re partie, Phanérogames, Paris, Masson. 1884. 4 fr. 50.

Revel, *Essai de la flore du sud-ouest de la France. Renonculacées-Composées.* 1885. 5 francs. Paris, Savy.

A. Clavaud, *Flore de la Gironde;* 1re partie: *Thalamiflores,* avec planches. In-8°, 5 francs. Paris, Masson; Bordeaux, Féret et fils.

## Hautes-Alpes.

Lannes, *Catalogue des plantes de la région supérieure des Hautes-Alpes.* Gap. 1885.

## Hérault.

Loret et Barrandon, *Flore de Montpellier,* comprenant l'analyse descriptive des plantes vasculaires de l'Hérault. Paris, Delahaye et Lecrosnier. 1876. 2 vol., 12 francs.

Aubouy, *Florule de Palavas.* Auch. 1881. 2 francs.

Aubouy, *Herborisations à Mourviel-lez-Montpellier.*

1re herb. suivie d'une *Florule du vallon de Fontvalès*. Montpellier. 1885. 1 fr. 50.

### Ille-et-Vilaine (Voir BRETAGNE).

MABILLE, *Catalogue des plantes des environs de Dinan et de Saint-Malo*. 1866.

### Indre (Voir CENTRE).

G. CHASTAINGT, *Catalogue des plantes vasculaires des environs de La Châtre*. Chateauroux. Galliot.

### Indre-et-Loire.

*Flore complète d'Indre-et-Loire*, dédiée à M. d'Entraigues, préfet ; publiée par la Société d'agriculture, rédigée par M. Dujardin. Tours, Mames. 1833.

J. DELAUNAY, *Catalogue des plantes vasculaires du département d'Indre-et-Loire*. Tours, Bousrez. 1873. 3 fr. 75. (Rare.)

V. MARTEL, *Petit Guide du botaniste aux environs de Loches*. Autog. 1886-1887. Biblioth. de l'École normale.

BARNSBY, *Florules d'Indre-et-Loire*, fascicule I et II : *La Vallée de l'Indre. — La Région des Étangs*. Tours, 1886.

### Isère (Voir DAUPHINÉ).

### Jura et région jurassique.

GODET, *Flore du Jura*. 1852.

GRENIER, *Flore de la chaîne jurassique*. 1867-1875. 12 francs.

Babey, *Flore jurassienne.* 1845.

Frighe-Joset et Mantaudon, *Synopsis de la flore du Jura septentrional.* 5 francs.

Thévenot, *Catalogue des plantes vasculaires spontanées observées sur le territoire des cantons de Lons-le-Saunier et de Beaufort et de quelques communes voisines.* In-8°. Lons-le-Saunier, Imp. Declume. In. mém. Soc. d'Em. du Jura.

A. Magnin, *Flore des environs d'Arbois.* Lyon.

## Landes (Voir Ouest).

Thore, *Chloris du département des Landes.* 1803.

Léon, *Flore landaise et médecine par les plantes vulgaires.* Pau, Imp. Vignancour.

Perraud, *Coup d'œil sur la flore des landes de Gascogne.*

Laudry et Behr. *Tableaux analytiques de la flore des Landes.* Dax. 1881.

## Loir-et-Cher.

Martin, *Catalogue des plantes vasculaires et spontanées des environs de Romorantin.* 1875.

Franchet, *Flore de Loir-et-Cher.* Blois et Paris. 1885, 1886. 1 vol. 15 francs.

## Loire.

Hervier, *Recherches sur la flore de la Loire.* Fasc. 1. Saint-Etienne. Chevalier. 1885. 4 fr. 50.

## Loire (Haute-).

Arnaud, *Flore du département de la Haute-Loire*. Le Puy, 1825 ; supp. 1830.

## Loire-Inférieure (Voir Ouest).

Fr. Bonamy, *Floræ Nannetensis Prodromus*. Nantes, 1782. Id. Addenda, 1785.

Pesneau, *Catalogue des plantes du département de la Loire-Inférieure*. Nantes, 1837.

James Lloyd, *Flore de la Loire-Inférieure*. 1844, Nantes.

Saint-Gal, *Flore des environs de Grand-Jouan*. 1874. 3 fr. 50.

Moisand, *Flore nantaise*. 1839.

Saint-Gal, *Liste des plantes qui croissent spontanément dans la Loire-Inférieure et qui ne sont pas décrites dans la flore de Grand-Jouan*. Nantes, Mellinat.

## Loiret (Voir Centre).

## Lorraine.

Godron, *Flore de Lorraine*, nouvelle édition, par MM. Fliche et Le Monnier. Nancy, Grosjean, 1883. 15 francs.

## Lot.

Puel, *Catalogue des plantes qui croissent dans le département du Lot*. Cahors, 1845-1855.

A. Soulié, *Catalogue des plantes recueillies à Puycalvel et aux environs, particulièrement dans le canton de Saint-Germain.* Bull. soc. Étud. sc. du Lot. 1884.

### Lot-et-Garonne.

Saint-Amans, *Flore agenaise.* 1821. Agen. 6 fr. 50.

### Lozère (Voir Plateau central)

### Maine-et-Loire.

Bastard, *Essai sur la Flore du département de Maine-et-Loire.* 1812.

G. Bouvet, *Catalogue raisonné des plantes utiles et nuisibles de la flore de Maine-et-Loire.* Angers, Germain et Grassin. 1885.

Desvaux, *Flore de l'Anjou.* Angers, 1827. 4 francs.

Boreau, *Catalogue raisonné des plantes vasculaires de Maine-et-Loire.* 3 francs.

Guépin, *Flore de Maine-et-Loire.* 3º édition, 1845. Angers. Suppléments 1850 et 1851.

Hy, *Tableaux analytiques de la flore d'Angers.* 1ʳᵉ partie : Phanérogames. Angers, Lachèse et Dolbeau.

### Manche (Voir Normandie).

Lejolis, *Plantes vasculaires des environs de Cherbourg.* 1860. 3 francs.

Besnou, *Flore de la Manche.* Coutances, Salettes. 1881. 6 francs.

Le Héricher, *Philologie de la flore scientifique et populaire de Normandie et d'Angleterre.* Coutances, Salettes. 3 fr. 50.

Corbière, *Herborisation aux environs de Cherbourg.* Caen. 1884 et 1887.

Besnou et Bertrand-Lachenée. *Catalogue raisonné des plantes vasculaires de l'arrondissement de Cherbourg.* Cherbourg, 1862. 5 francs.

## Marne.

De Lambertye, *Catalogue raisonné des plantes qui croissent dans le département de la Marne.* 1846.

Brisson, *Catalogue des plantes phanérogames de la Marne.* Châlons, Martin. 1884. 3 francs.

Brisson de Lenhardé. *Tableau pour servir à la classification des plantes et énumération des phanérogames du département de la Marne ainsi que des localités où croissent les plantes rares.*

D<sup>r</sup> Lemoine, *Aperçu botanique sur Reims.*

Moulé, *Des plantes vénéneuses ou suspectes du département de la Marne.* Châlons. Le Roy.

## Marne (Haute-)

Aubriot et Daguin, *Flore de la Haute-Marne.* Paris et Saint-Dizier. 1885, 8 francs.

## Mayenne (Voir Sarthe).

*Catalogue des plantes du département de la Mayenne,* par une société de botanistes. Laval, 1838.

C. Houlbert, *Stations des plantes rares ou peu communes dans la Mayenne*. In Feuille des jeunes naturalistes. 1882-1887.

## Meurthe-et-Moselle (Voir Lorraine).

J. Holandre, *Flore de la Moselle*. Metz, 1829. 2 vol., 8 francs.

## Meuse (Voir Lorraine).

Doisy, *Flore du département de la Meuse*. 1835.

Pierrot et Cardot, *Liste des plantes vasculaires observées dans l'arrondissement de Montmédy*. Montmédy, Pierrot.

## Morbihan (Voir Bretagne).

Le Gall, *Flore du Morbihan*, 1862.

Arrondeau, *Botanique du Morbihan*. 1876. Baillière. 2 francs.

Godron, *Herborisations autour de Lorient*. 2 fr. 50.

## Nièvre (Voir Centre).

## Nord.

Roucel, *Flore du nord de la France*. Paris, 1803. 2 vol. 6 francs.

G. Bonnier et de Layens, *Nouvelle Flore du nord de la France et de la Belgique*, avec 2,282 figures, Paris. P. Dupont, 1887. 5 fr. (Broché, 1 fr. 50.)

Vandamme, *Flore de l'arrondissement d'Hazebrouck.* Hazebrouck, 1850-1854. 7 francs.

Boulay, *Revision de la flore des départements du nord de la France, bibliographie et explorations.* 1er et 2e fascicules, 1877-1878. Paris, Savy.

## Normandie.

De Brébisson et Morière, *Flore de Normandie.* 1879. Caen et Paris. 6 francs.

Malbranche, *Essai sur les Rubus normands.* Bull. de la Soc. des Amis des sciences naturelles de Rouen.

Malbranche, *Examen comparatif de la 4e édition de la* Flore de Normandie *de M. de Brébisson.* Bull. de la Société des Amis des sciences naturelles de Rouen. 1869.

Malbranche, *Plantes critiques ou nouvelles de la flore de Normandie;* même Bull. 1875.

Nota. On trouvera des indications sur la flore de la plupart des cantons de la Normandie dans la collection de l'*Annuaire* de Normandie, publ. par l'Association normande.

## Oise (Voir Seine et environs de Paris).

Graves, *Catalogue des plantes observées dans le département de l'Oise.* 1857.

Rodin, *Esquisse de la végétation du département de l'Oise.* Beauvais. 1864. 3 francs.

## Orne (Voir Normandie).

Renaud, *Flore du département de l'Orne.* Alençon, 1804.

Duterte, *Catalogue des plantes phanérogames et cryptogames semi-vasculaires et croissant spontanément à Alençon et dans un rayon de 20 kilomètres.* Bull. Soc. linn. de Normandie. 1883-84.

## Ouest.

Lloyd et Foucault, *Flore de l'Ouest.* 4ᵉ édition, augmentée des plantes de la Gironde, des Landes et du littoral des Basses-Pyrénées par Foucault. 4ᵉ édition. Paris, Baillière. 7 francs.

Foucault, *Herborisations dans la Charente-Inférieure, la Gironde et les Landes.* Se vend séparément 1 fr. 50.

## Pas-de-Calais (Voir Nord).

Masclef, *Catalogue raisonné des plantes vasculaires du département du Pas-de-Calais.* Paris, Savy, 1887. 4 francs.

G. Bonnier et G. de Layens, *Flore du nord de la France.* (Voyez Nord.)

## Plateau central.

Gustave et Héribaud, *Flore d'Auvergne.* Clermond-Ferrand, 1883.

Lamotte, *Prodrome de la flore du Plateau central de la France.* 1ʳᵉ et 2ᵉ parties. Renonculaires aux Globulariées. Paris, Masson. 2 vol., 15 francs.

Legrand, *Statistique botanique du Forez.* 1873. Paris, Baillère. 1 vol., 6 francs. Supp. 1876, 1 fr. 50.

Delarbre, *Flore d'Auvergne.* Clermont. 1797, 2ᵉ édition. 1800, en 2 vol., sous le titre : *Flore de la ci-devant Auvergne.*

Lecoq et Lamotte, *Catalogue raisonné des plantes vasculaires du Plateau central de la France.* Paris, 1848.

G. et H. Joseph, *Flore d'Auvergne (Puy-de-Dôme et Cantal)*, Descriptions, clefs, vocabulaires. Clermont-Ferrand, Thibaud. 5 francs.

Gauthier Lacroze, *Flore d'Auvergne.* Clermont-Ferrand, Petit.

**Puy-de-Dôme** (Voir Plateau central).

## Pyrénées.

Picot de la Peyrouse, *Histoire abrégée des plantes des Pyrénées.* Toulouse, 1818. 16 francs.

Noulet, *Flore du bassin sous-pyrénéen.* Toulouse, 1837. 1 vol., 10 francs.

J. Dulac, *Flore des Hautes-Pyrénées.* 1867. 10 francs.

Philippe, *Flore des Pyrénées.* 1860. Bagnères-de-Bigorre. 2 vol., 20 francs.

J. Vallot, *Guide du botaniste et du géologue dans la région de Cauterets.* Paris, Lechevalier, 1886. 3 fr. 50.

J. Vallot, *Plantes rares ou critiques de Cauterets.* Paris, Lechevalier, 1885. 75 centimes.

J. Vallot, *Flore glaciale des Hautes-Pyrénées.* Lechevalier, 1885. 1 franc.

O. Debeaux, *Recherches sur la flore des Pyrénées-Orientales. Plaine et littoral* du Roussillon. Paris, Baillière et Savy. Perpignan, Latrobe. 3 fr. 50.

O. Debeaux, *Des plantes caractéristiques de la flore méditerranéenne.* Paris,

## Rhône.

Balbis, *Flore lyonnaise.* Lyon, 1827-1828. 3 vol., 12 francs.

J. Fourreau, *Catalogue des plantes qui croissent le long du Rhône.* 1869. 1 vol., 6 francs.

A. Magnin, *La Végétation de la région lyonnaise et de la partie moyenne du bassin du Rhône.* Lyon, Georg. 20 francs.

A. Magnin, *Recherches sur la géographie botanique du Lyonnais,* avec cartes. Lyon et Paris, Baillière, 1879.

Saint-Lager, *Catalogue des plantes vasculaires du bassin du Rhône.* Paris, Baillière, 1883. 15 francs.

M. Gandoger, *Flore lyonnaise et des départements du Sud-Est.*

## Haute-Saône.

Carion, *Catalogue raisonné des plantes du département de la Haute-Saône.* 1859.

Humnicki, *Catalogue des plantes vasculaires des environs de Luxeuil,* in-8°. Orléans, Herluison, avec supplément.

Renould-Flagey, Vendresy et Paillot, *Contribution à la Flore de la Haute-Saône.* Mém. Soc. d'Émul. du Doubs, 1883.

## Sarthe.

Diard, *Catalogue raisonné des plantes de Saint-Calais et ses environs.* Saint-Calais, 1852.

Desportes, *Flore de la Sarthe et de la Mayenne.* 1838. 7 francs.

Gentil, *Petite Flore mancelle*, contenant l'analyse et la description sommaire des plantes phanérogames de la Sarthe. Le Mans, Monnoyer. 5 francs.

Gentil, *Liste des plantes rares ou peu communes de la Sarthe.* In Bull. Soc. d'Agr. sc. et art. de la Sarthe. 1884.

## Savoie.

D$^r$ Bouvier, *Flore des Alpes de la Suisse et de la Savoie.* 2$^e$ édition, 12 francs.

## Seine et environs de Paris.

J. L. Thuillier, *La Flore des environs de Paris.* Paris, an VII. 1 vol. in-8°.

Mérat, *Flore des environs de Paris.* Paris, 1836. 2 vol. : Cryptogamie et Phanérogamie. 6 francs. *Ouvrage toujours consulté.*

Chevallier, *Flore générale des environs de Paris.* Paris, 1826-1827.

Cosson et Germain de Saint-Pierre. *Flore des environs de Paris.* 1861. 15 francs.

Cosson et Germain de Saint-Pierre. *Atlas de la flore des environs de Paris.* 1882.

Cosson et Germain de Saint-Pierre. *Synopsis analytique de la flore des environs de Paris.* Paris, Masson. 6 francs.

G. Bonnier et de Layens, *Nouvelle Flore* (rayon de 100 kilom.), avec 2,145 figures. Paris, P. Dupont, 1887. 5 francs (broché 4 fr. 50).

Bautier, *Tableau analytique de la flore parisienne.* Paris, Asselin et Houzeau, 1885, 5 francs.

De Lanessan, *Flore de Paris*. Paris, O. Doin. 9 francs.

D<sup>r</sup> E. Bonnet, *Petite Flore parisienne*. Paris, Savy, 1883. 5 francs.

Eugène Lefébure de Fourcy, *Vade-mecum des herborisations parisiennes*. Paris, Delahaye et Lecrosnier, 1881. broché 4 fr. 50.

J. Vallot, *Essai sur la flore du pavé de Paris*, suivi d'une *Florule des ruines du Conseil d'État*. Paris, Lechevalier. 3 francs.

J. Vallot, *Florule du Panthéon*. Paris, Lechevalier, 1887. 50 centimes.

Dalmon et Gras, *Promenades botaniques dans la flore parisienne*. Paris, Lechevalier, 1877. 2 francs.

### Seine-Inférieure (Voir Normandie).

Le Turquier-Delonchamps, *Flore des environs de Rouen*. Rouen, Renault, 1816. L'auteur a publié un supplément dans le précis de l'Académie de Rouen de 1826.

Pouchet, *Flore de la Seine-Inférieure*. 1834.

Letendre, *Florule du Grand et du Petit-Quevilly*. Extrait du *Bull. des amis des sc. nat. de Rouen*, 1874.

D<sup>r</sup> Blanche, *Observations sur la flore de la Seine-Inférieure à propos de la 4<sup>e</sup> édition de la flore de Normandie*, de M. de Brébisson, même bulletin. 1869.

Malbranche, *Revue des plantes critiques ou nouvelles de la Seine-Inférieure*. 1<sup>er</sup> mém. in-8°. *Précis de l'Académie des sciences, belles-lettres et arts de Rouen*. 1861-1862.

Blanche et Malbranche, *Description scientifique de la France. Botanique. Département de la Seine-Inférieure*. Catalogue des cryptogames et des phanérogames; in-8°. Précis analytique des travaux de l'Académie des sciences, belles-lettres et arts de Rouen. 1862-1863.

A. EBRAN, Catalogue des plantes vasculaires de l'arrondissement du Havre et lieux circonvoisins. Le Havre, Roquemont. 2 vol. in-8°.

G. ÉTIENNE, Catalogue des plantes les plus intéressantes observées aux environs d'Elbeuf de 1858 à 1867. In-8°. Bull. soc. des amis des sc. nat. de Rouen. 1869.

G. ÉTIENNE, Florule des environs de Gournay-en-Bray, 1873 à 1881. In-8°. Bull. soc. des amis des sc. nat. de Rouen, 1882, I.

A. COQUEREL, Florule de la vallée de l'Oison. Bull. soc. d'études des sc. nat. d'Elbeuf. 1889.

**Seine-et-Oise** (Voir SEINE ET ENVIRONS DE PARIS).

G. CAMUS, Florule du canton de l'Isle-Adam. Bull. soc. bot. de France, avec supplément.

**Seine-et-Marne** (Voir SEINE ET ENVIRONS DE PARIS).

### Deux-Sèvres.

SAUZÉ et MAILLARD, Flore du département des Deux-Sèvres. Niort, Clouz; Paris, Baillière, 1880. Supp. 1884. 12 francs.

### Somme (Voir NORD).

DE VICQ, Végétation sur le littoral du département de la Somme; in-12. Paris, Savy, 1876.

De Vicq, *Les Plantes intéressantes de la vallée de la Bresle et de ses deux versants.* Paris, Savy.

De Vicq et Brutelette, *Catalogue des plantes vasculaires de la Somme.* 1865. 5 francs.

De Vicq, *Flore du département de la Somme.* Abbeville, Prévost, 1883.

Pauquy, *Flore du département de la Somme.* Amiens, 1831. 8 francs.

G. Bonnier et G. de Layens, *Flore du nord de la France.* (Voyez Nord.)

Jules Tripier, *Flore d'Eaucourt-sur-Somme.* Soc. linn. du nord de la France.

## Tarn.

Martrin-Donos, *Florule du Tarn.* Toulouse, 1864. 5 francs.

Bel, *Nouvelle Flore du Tarn et de la région toulousaine.* Albi, 1885.

## Tarn-et-Garonne.

Lagrèze-Fossat, *Flore du Tarn-et-Garonne.* Montauban, 1847. 9 francs.

## Var.

Cavalier, *Flore dichotomique du Var.*

Albert, *Botanique du Var.* Plantes nouvelles ou rares. Draguignan, 1884.

Perreymond et Requien, *Plantes phanérogames des environs de Fréjus.* 1833.

OLLIVIER, *Catalogue de la flore de Porquerolles*. Revue hort. des Bouches-du-Rhône. 1884.

## Vaucluse.

GUÉRIN, *Flore du département de Vaucluse*. 1807.

PALUN, *Catalogue des plantes phanérogames qui croissent spontanément dans le territoire d'Avignon*. 1867. 1 fr. 50.

## Vendée (Voir OUEST).

RICHARD, *De la culture, au point de vue ornemental, des plantes indigènes de la Vendée et des départements voisins*. La Roche-sur-Yon, 1881. 2 fr. 50.

## Vienne.

DELASTRE, *Flore du département de la Vienne*. 1842.

POIRAULT, *Catalogue des plantes vasculaires de la Vienne*. Poitiers, Oudin, 1875. 3 francs. *Supplément*, 1882.

## Haute-Vienne.

LAMY DE LA CHAPELLE, *Plantes aquatiques de la Haute-Vienne*. 1868. 1 fr. 25.

LAMY, *Flore de la Haute-Vienne*. Limoges, 1856. Ex. du Guide de l'étranger à Limoges.

## Vosges (Voir Lorraine).

Kirschleger, *Flore vosgeso-rhénane*. Strasbourg, 1870. 2 vol., 15 francs.

D<sup>r</sup> Berher, *Catalogue des plantes vasculaires qui croissent spontanément dans le département des Vosges*. Deux suppléments ont paru.

## Yonne.

Ravin, *Flore de l'Yonne*. Auxerre, Lanier. (Cryptogames et Phanérogames). 15 francs.

## Autres ouvrages généraux.

De Lamarck et de Candolle, *Flore française*. 1816 (rare). 30 à 40 francs.

Mutel, *Flore française*. 1837. Paris. 4 vol. et atlas, 18 francs.

Gonnet, *Flore élémentaire de la France*. Paris, 1847. 2 vol. 12 francs.

Grenier et Godron, *Flore de France*. 1856 (rare).

D<sup>r</sup> Ecorchard, *Flore régionale (environs de Paris et départements maritimes du nord-ouest et du sud-ouest)*. Paris, Maison rustique. 12 francs.

C. Pin, *Flore élémentaire*. Paris, Guédon, 1885. 1 fr. 50.

Le Maout et Decaisne, *Flore élémentaire des jardins et des champs*. Paris, Maison rustique. 1 vol., 9 francs.

Camus, *Catalogue des plantes de France, de Suisse et de Belgique*. 1 vol. Paris, P. Dupont et J. Lechevalier, 1888. 4 fr. 25.

B. VERLOT, *Guide du botaniste herborisant* (contient des herborisations dans les diverses régions de la France). Paris, J.-B. Baillière. 1 vol., 6 francs.

G. BONNIER, *Les Plantes des champs et des bois*. Paris, Baillière. 24 francs.

VILMORIN-ANDRIEUX, *Les Fleurs de pleine terre*. Paris, Maison rustique. 12 francs.

BAILLON, *Iconographie de la flore française*. Paris, O. Doin. En cours de publication. 1 fr. 25 les 10 planches; 13 fr. 50 la centurie, avec cartonnage et introduction. 19 séries parues en novembre 1887.

GRIMARD, *Comment on devient botaniste*. Paris, Hetzel.

*Feuille des jeunes naturalistes*, paraît tous les mois depuis 1870. Abonnement annuel, 3 francs; part du 1er novembre. M. Adrien Dollfus, 35, rue Pierre-Charron, Paris.

---

G. BONNIER et G. DE LAYENS, *Petite Flore des écoles*, 898 figures, précédé de *Notions de botanique*, ouvrage permettant de déterminer facilement toutes les plantes communes (Paul Dupont). 1 vol. in-18 cartonné, 1889. 1 fr. 50.

# TABLE MÉTHODIQUE

Préface . . . . . . . . . . . . . . . . . . . . . . . . . . . . ɪ
Introduction . . . . . . . . . . . . . . . . . . . . . . . . 1

### I. — Instructions pour la formation d'un herbier

**1. Récolte des plantes.**

    *a*) Instruments nécessaires . . . . . . . . . . . . . . . . .
    *b*) Récolte des plantes . . . . . . . . . . . . . . . . . . 15
    *c*) Mise en boîte et étiquetage . . . . . . . . . . . . . 15
    *d*) Récolte des plantes cultivées . . . . . . . . . . . . 17
    *e*)    —     —    sans instruments . . . . . . . . . 18

**2. Détermination des plantes.**

    *a*) Qualités d'une bonne Flore . . . . . . . . . . . . . 19
    *b*) Ouvrages recommandés . . . . . . . . . . . . . . . 20
    *c*) Méthode dichotomique . . . . . . . . . . . . . . . 26
    *d*) Application de la méthode . . . . . . . . . . . . . 26
    *e*) Détermination des espèces difficiles . . . . . . . . 27

**3. Dessiccation des plantes et étiquetage définitif.**

    *a*) Préparation première . . . . . . . . . . . . . . . . 27
    *b*) Soins à donner pour la dessiccation complète . . . 28
    *c*) Dessiccation des plantes charnues . . . . . . . . . 28
    *d*) Préparation des cryptogames cellulaires . . . . . . 29
    *e*) Étiquetage définitif . . . . . . . . . . . . . . . . . 30

## 4. Mise en herbier et conservation.

- *a)* Disposition définitive des échantillons. . . . . . . . . . 32
- *b)* Collage des étiquettes. . . . . . . . . . . . . . . . . 34
- *c)* Mise en cartons. . . . . . . . . . . . . . . . . . . 35
- *d)* Conservation des plantes. . . . . . . . . . . . . . . 35
- *e)* Échanges . . . . . . . . . . . . . . . . . . . . . 38
- *f)* Classement . . . . . . . . . . . . . . . . . . . . 38

### II. — COUP D'ŒIL SUR LES PRINCIPALES STATIONS DES PLANTES

## 1. Rapports entre les espèces et la composition du sol. 40
## 2. Principales stations.

- *a)* Bois et forêts, landes. . . . . . . . . . . . . . . . 41
- *b)* Murs et voisinage des habitations. . . . . . . . . . 41
- *c)* Champs et bords des chemins. . . . . . . . . . . . 42
- *d)* Prairies. . . . . . . . . . . . . . . . . . . . . . 42
- *e)* Marais et ruisseaux. . . . . . . . . . . . . . . . 42
- *f)* Bords de la mer et montagnes. . . . . . . . . . . 46

### III. — INDICATIONS SUR LES RÉCOLTES PROPRES A CHACUNE DES SAISONS DE L'ANNÉE

## 1. Hiver (*décembre, janvier, février*).

- *a)* Récolte de plantes en fleurs. . . . . . . . . . . . 47
- *b)* Récolte de fruits. . . . . . . . . . . . . . . . . 48
- *c)* Récolte de cryptogames . . . . . . . . . . . . . 50
- *d)* Liste d'espèces à récolter. . . . . . . . . . . . . 52

## 2. Printemps (*mars, avril, mai*).

- *a)* Mars . . . . . . . . . . . . . . . . . . . . . . 57
- *b)* Floraison des arbres. . . . . . . . . . . . . . . 57
- *c)* Avril . . . . . . . . . . . . . . . . . . . . . . 58

  *d)* Mai. . . . . . . . . . . . . . . . . 59
  *e)* Espèces ornementales à récolter. . . . . . . . . . . 59

3. **Été** *(juin, juillet, août).*
  *a)* Principales familles à floraison estivale. . . . . . . . 62
  *b)* Plantes des eaux. . . . . . . . . . . . . . . . 64
  *c)* Espèces ornementales à récolter. . . . . . . . . . . 65

4. **Automne** *(septembre, octobre, novembre)* . . . . . . . . 66

### IV. — Travaux a faire

1. **Étude de la flore locale.** . . . . . . . . . . . . . . . . 68
  *a)* Comment on herborise. . . . . . . . . . . . . . 69
  *b)* Points importants. . . . . . . . . . . . . . . 70
  *c)* Florule adventice . . . . . . . . . . . . . . . 70
  *d)* Disparitions d'espèces. . . . . . . . . . . . . 71
  *e)* Noms vulgaires. . . . . . . . . . . . . . . . 71

2. **Travaux divers.**
  *a)* Essences sur lesquelles on rencontre le gui. . . . . . 72
  *b)* Collection de fruits. . . . . . . . . . . . . . . 72
  *c)* Herbiers pratiques. . . . . . . . . . . . . . . 72
  *d)* Étude des transformations d'organes et des monstruo-
    sités . . . . . . . . . . . . . . . . . . 73

3. **Conclusion.** . . . . . . . . . . . . . . . . . 76

### V. — Appendice

§ 1. Prix des principaux objets nécessaires pour la préparation des plantes en herbier. . . . . . . . . . . . . . . 79

§ 2. Indication des principales Flores et des Catalogues des diverses régions de la France. (Pour les noms de régions ou de lieux et les noms d'auteurs indiqués dans cette revue bibliographique, voir la table alphabétique à la page suivante). . . 80

# TABLE ALPHABÉTIQUE

1° NOMS DES RÉGIONS ET DES LOCALITÉS FIGURANT A L'INDEX BIBLIOGRAPHIQUE.

Agen, 92.
Ain, 80.
Aisne, 81.
Aix, 83.
Alençon, 96.
Allier, 87.
Alpes, 81. 82, 88, 99.
Alpes-Maritimes, 81.
Angers, 92.
Angleterre, 93.
Anjou, 92.
Antibes, 82.
Arbois, 90.
Ardèche, 82.
Ardennes, 82.
Ariège, 82.
Aube, 83.
Auvergne, 97.
Aveyron, 83.
Avignon, 103.

Beaufort, 90.
Belfort, 83.
Belgique, 94, 104.
Bernay, 87.
Blanc (Mont), 81.
Bouches-du-Rhône, 83.
Bourbonnais, 81.
Bourges, 85.
Bourgogne, 85.
Bresle, 102.
Bretagne, 83, 89.

Calvados, 84.
Cantal, 84, 97.
Cauterets, 97.
Centre, 84, 89.

Charente, 84.
Charente-Inférieure, 84, 85, 86
Châtre (La), 89.
Cher, 85.
Cherbourg, 92, 93.
Conseil d'Etat, 100.
Corrèze, 85.
Côte-d'Or, 85.
Côtes-du-Nord, 85.
Creuse, 85.

Dauphiné, 88, 89.
Deux-Sèvres, 101.
Dinan, 89.
Dordogne, 86.
Doubs, 86.
Drôme, 86.

Eaucourt-sur-Somme, 102.
Elbeuf, 101.
Eure, 87.

Finistère, 87.
Fontvales, 89.
Forez, 96.
France, 104, 105.
Fréjus, 102.

Gannat, 81.
Gard, 87.
Gascogne, 90.
Gers, 88.
Gironde, 88, 96.
Gournay-en-Bray, 101.
Grand-Jouan, 91.
Grenoble, 86.

Haute-Garonne, 88.
Haute-Loire, 91.
Haute-Marne, 93.
Haute-Vienne, 103.
Havre (Le), 101.
Hazebrouck, 95.

Ille-et-Vilaine, 89.
Indre, 89.
Indre-et-Loire, 89.
Isle-Adam, 101.

Jura, 86, 90.

La Châtre, 89.
Landes, 90, 96.
Loches, 89.
Loire, 90.
Loire (Haute-), 91.
Loire-Inférieure, 91.
Loiret, 91.
Loir-et-Cher, 90.
Lons-le-Saunier, 90.
Lorient, 94.
Lorraine, 90.
Lot, 91.
Lot-et-Garonne, 88, 92.
Lozère, 92.
Luxeuil, 98.
Lyon, 98.
Lyonnais, 98.

Maine-et-Loire, 92.
Manche, 92.
Mans (Le), 99.
Marne, 93.
Mayenne, 93, 94, 98.
Méditerranée, 97.
Meuse, 94.
Montbéliard, 86.
Mont-Blanc, 81.
Montluçon, 81.
Montmédy, 94.
Montpellier, 88.
Morbihan, 94.
Moselle, 94.
Mourviel-lez-Montpellier, 88.

Nantes, 91.
Nord, 81, 82, 94, 95, 96, 101.
Nord-Ouest, 104.
Normandie, 84, 86, 93, 95.

Oise, 95.
Oson, 101.
Oirne, 95.

Ouest, 88, 90, 96.

Palavas, 88.
Panthéon, 100.
Paris, 104.
Pas-de-Calais, 96.
Plateau central, 97.
Pont-Audemer, 87.
Pont-sur-Seine, 83.
Porquerolles, 103.
Provence, 84.
Puycalvel, 92.
Puy-de-Dôme, 97.
Pyrénées, 82.
Pyrénées (Hautes-), 97.
Pyrénées-Orientales, 97.

Quévilly (Grand et Petit-), 100.

Reims, 93.
Rhône, 82, 98.
Rochefort, 84.
Romorantin, 90.
Rouen, 100.
Roussillon, 97.

Saint-Calais, 98.
Saintes, 85.
Saint-Malo, 89.
Saint-Quentin, 81.
Saône (Haute-), 98.
Sarthe, 98, 99.
Savoie, 81, 99.
Seine, 99.
Seine-et-Marne, 101.
Seine-et-Oise, 101.
Seine-Inférieure, 100.
Semur, 85.
Somme, 81, 102.
Sud-Est, 98.
Sud-Ouest, 88, 104.
Suisse, 99, 104.

Tarn, 102.
Tarn-et-Garonne, 87, 88, 102.
Toulouse, 82, 87, 102.
Troyes, 83.

Uriage, 86.

Var, 102.
Vichy, 81.

Yonne, 101.

## 2° NOMS D'AUTEURS

Achaintre, 83
Albert, 102.
Ardoino, 82.
Arnaud, 91.
Arrondeau, 87, 94.
Aubouy, 88.
Aubriot, 83, 93.

Babey, 90.
Baillon, 105.
Balbis, 98.
Barla, 82.
Barnsby, 89.
Barrandon, 88.
Bastard, 92.
Bautier, 20, 99.
Behr, 90.
Bel, 102.
Berher, 104.
Berthoumieu, 81.
Bertrand-Lachenée, 93.
Besnou, 92, 93.
Birault, 103.
Blanche, 100.
Bonamy, 91.
Bonnet, 100.
Bonnier, 20, 84, 93, 99, 102, 105.
Bornet, 46.
Boreau, 25, 84, 92.
Bouchet, 100.
Bouisson, 83.
Boulay, 94.
Bourdette, 82.
Bourguignat, 81, 83.
Bouvet, 92.
Bouvier, 99.
Bras, 83.
Brayer, 81.
Brébisson, 94.
Briard, 83.
Brisson, 93.
Brisson de Leuhardé, 93.
Bruneaud, 84.
Brutelette, 102.
Burnat, 82.
Buysson (du), 81.

Camus, 38, 72, 101, 104, 105.
Candolle (de), 104.
Cardot, 91.
Carion, 98.
Castagne, 83.
Cavalier, 102.
Cessac (de), 85.

Chastaingt, 89.
Chesnon, 87.
Chevalier, 99.
Clavaud, 88.
Contejean, 86.
Coquerel, 101.
Corbière, 93.
Cosson, 20, 99.

Daguin, 93.
Dalmon, 100.
David, 85.
Debeaux, 97.
Decaisne, 25, 104.
Delarbre, 96.
Delastre, 103.
Delaunay, 89.
Desétangs, 82.
Desmoulins, 86.
Desportes, 98.
Devaux, 92.
Diard, 98.
Doisy, 94.
Dujardin, 89.
Dulac, 97.
Dupuy, 88.
Duquesne, 86.
Durrande, 85.
Duret, 85.
Duterte, 96.

Ebran, 101.
Ecorchard, 104
Etienne, 101.

Faye, 84.
Ferroud, 81.
Flagey, 98.
Fontvert, 83.
Foucault, 85, 96.
Fourreau, 98.
Franchet, 90.
Fray, 80.
Frighe-Joset, 90.

Gandoger, 98.
Gauthier-Lacrose, 97.
Gentil, 99.
Germain-de-Saint-Pierre, 20, 99
Gillet, 20.
Godet, 89.
Godron, 25, 91, 94, 104.
Gonnet, 104.
Gras, 100.

Graves, 94.
Gremli, 82.
Grenier, 25, 89, 104.
Grimard, 105.
Guépin, 92.
Guérin, 103.
Guillaud, 88.
Gustave, 96, 97.

Hardouin, 84.
Hariot, 83.
Héribaud, 96, 97.
Héricher (Le), 93.
Hervier, 90.
Holandre, 94.
Houlbert, 94.
Humnicki, 92.
Hy, 92.

Joseph, 97.
Jourdan, 81.

Kirschleger, 104.

Lachot, 85.
Lagrèze-Forsat, 102.
Lamarck, 104.
Lambertye (de), 87, 93.
Lamotte, 96, 97.
Lamy, 103.
Lamy-de-la-Chapelle, 103.
Landry, 90.
Lanessan (de), 100.
Lannes, 88.
Laterrade, 88.
Layens (de), 20, 81, 91, 96, 102.
Lazerges, 82.
Leclerc, 84.
Lecoq, 97.
Lefébure de Fourcy, 20, 100.
Le Gall, 94.
Legrand, 85, 96.
Lejolis, 92.
Le Maout, 25, 104.
Lemarié, 84.
Lemoine, 93.
Léon, 90.
Lepage, 87.
Lerson, 84.
Letendre, 100.
Le Turquier Delongchamps, 100.
Liégeard, 83.
Lloyd, 91, 96.
Lorot, 88.
Lorey, 85.
Lucante, 88.

Mabille, 89.
Magne, 20.

Magnier, 81.
Magnin, 80, 98.
Maillard, 101.
Malbranche, 94, 100.
Mantaudon, 90.
Martel, 89.
Martin, 87, 90.
Martrin-Donos, 102.
Masclef, 96.
Mérat, 97.
Migout, 81.
Moisand, 91.
Morière, 94.
Moulé, 93.
Mutel, 86.

Niel, 87.
Noulet, 87, 97.
Noury, 75.

Olivier, 81.
Ollivier, 103.

Paillot, 98.
Palun, 103.
Parisot, 83.
Pauquy, 102.
Payot, 81.
Pérard, 81.
Perraud, 90.
Perreymond, 102.
Perroud, 82.
Pesnau, 91.
Philippe, 97.
Picot de la Peyrouse, 97.
Pinel, 91.
Pierrot, 94.
Pouzolz, 87.

Rapin, 85.
Ravaud, 86.
Ravin, 101.
Renaud, 95.
Renou, 84.
Renould, 98.
Requien, 102.
Revel, 88.
Richard, 103.
Rodin, 95.
Royer, 85.
Roucel, 94.
Rouguemère, 87.
Roux, 84.

Saint-Amans, 92.
Saint-Gal, 91.
Saint-Lager, 82, 93.
Sauzé, 101.
Savatier, 84.

Serres, 87.
Soulié, 92.

Thevenot, 90.
Thore, 90.
Thuillier, 99.
Tillet, 86.
Tournon, 87
Tripier, 102.

Vallot, 97, 100.
Vandamme, 95.
Vendresy, 98.
Verlot, 46, 86, 105.
Vicq (de), 101.
Villars, 86.
Vilmorin-Andrieux, 105.
Vincent, 85.

LIBRAIRIE CLASSIQUE PAUL DUPONT, 4, RUE DU BOULOI, PARIS

**NOUVELLE FLORE**, pour la détermination facile des plantes, avec 145 *figures dans le texte*, contenant les noms latins des plantes, les synonymes, l'étymologie des noms de genres, les applications des plantes, etc., par M. Gaston BONNIER, professeur de Botanique à la Sorbonne, et M. G. DE LAYENS, lauréat de l'Institut, *ouvrage couronné par l'Académie des Sciences et par la Société d'agriculture de France*. Nouvelle édition revue et corrigée. Un vol. de poche (relié, 5 fr.), broché.... **4 fr. 50**

**FLORE DU NORD DE LA FRANCE ET DE LA BELGIQUE**, avec 2282 figures dans le texte, par les mêmes auteurs, avec une carte des régions botaniques (relié, 5 fr.), broché........ **4 fr. 50**

**CATALOGUE DES PLANTES DE FRANCE**, *de Suisse et de Belgique*, par M. E.-G. CAMUS, ouvrage contenant l'indication de toutes les espèces, sous-espèces, formes et variétés (cartonné, 4 fr. 75), broché ............................... **4 fr 25**

**VÉGÉTAUX**, étude élémentaire de 25 plantes vulgaires, par M. Gaston BONNIER, avec 170 figures dans le texte. 6ᵉ édition, un vol. cartonné.................................................. **2 fr. 25**

**ÉLÉMENTS DE BOTANIQUE**, *les diverses parties de la plante, les principales familles végétales*, par le même auteur. Un vol. in-…, avec 403 figures dans le texte. 8ᵉ édition, cartonné. **2 fr. 50**

**BOTANIQUE : ANATOMIE ET PHYSIOLOGIE VÉGÉTALES**, par le même auteur, à l'usage des écoles normales primaires, des candidats au baccalauréat et des lycées de jeunes filles. Un vol. avec 345 figures, cartonné............................. **3 fr.**

**HERBIER DES COMMENÇANTS**, album disposé avec des étiquettes imprimées pour recevoir les 25 plantes vulgaires de la liste officielle des tableaux d'enseignement, par M. le Dʳ Henri ROUSSEAU.................................................... **3 fr. 50**

## VIENT DE PARAITRE :

**PETITE FLORE DES ÉCOLES**, ouvrage pour l'enseignement pratique de la Botanique, permettant de trouver le nom des plantes communes, *avec 898 figures*, précédé de *Notions de Botanique* avec questionnaires et résumés, par MM. Gaston BONNIER et G. DE LAYENS. Un volume

www.ingramcontent.com/pod-product-compliance
Lightning Source LLC
Chambersburg PA
CBHW060203100426
42744CB00007B/1142